Uma nova mudança estrutural da esfera pública e a política deliberativa

FUNDAÇÃO EDITORA DA UNESP

Presidente do Conselho Curador
Mário Sérgio Vasconcelos

Diretor-Presidente / Publisher
Jézio Hernani Bomfim Gutierre

Superintendente Administrativo e Financeiro
William de Souza Agostinho

Conselho Editorial Acadêmico
Divino José da Silva
Luís Antônio Francisco de Souza
Marcelo dos Santos Pereira
Patricia Porchat Pereira da Silva Knudsen
Paulo Celso Moura
Ricardo D'Elia Matheus
Sandra Aparecida Ferreira
Tatiana Noronha de Souza
Trajano Sardenberg
Valéria dos Santos Guimarães

Editores-Adjuntos
Anderson Nobara
Leandro Rodrigues

JÜRGEN HABERMAS

Uma nova mudança estrutural da esfera pública e a política deliberativa

Tradução
Denilson Luís Werle

Apresentação
Denilson Luís Werle e Rúrion Melo

© 2022 Suhrkamp Verlag AG Berlin
Todos direitos reservados por e controlados através da Suhrkamp Verlag Berlin.

© 2023 Editora Unesp

Título original: *Ein neuer Strukturwandel der Öffentlichkeit und die deliberative Politik*

Direitos de publicação reservados à:
Fundação Editora da Unesp (FEU)
Praça da Sé, 108
01001-900 – São Paulo – SP
Tel.: (0xx11) 3242-7171
Fax: (0xx11) 3242-7172
www.editoraunesp.com.br
www.livrariaunesp.com.br
atendimento.editora@unesp.br

Dados Internacionais de Catalogação na Publicação (CIP)
de acordo com ISBD
Elaborado por Odilio Hilario Moreira Junior – CRB-8/9949

H114n

Habermas, Jürgen
    Uma nova mudança estrutural da esfera pública e a política deliberativa / Jürgen Habermas; traduzido por Denilson Luís Werle. Apresentação à edição brasileira por Denilson Luís Werle e Rúrion Melo – São Paulo: Editora Unesp, 2023.

    Tradução de: *Ein neuer Strukturwandel der Öffentlichkeit und die deliberative Politik*

    Inclui bibliografia.
    ISBN: 978-65-5711-195-6

    1. Filosofia. 2. Filosofia alemã. 3. Esfera pública. 4. Política deliberativa. I. Werle, Denilson Luís. II. Título.

2023-1396   CDD 100
                                                  CDU 1

Editora afiliada:

Sumário

Introdução à Coleção . *7*

Apresentação à edição brasileira . *11*

Prefácio . *25*

Reflexões e hipóteses sobre uma renovada mudança estrutural da esfera pública política . *27*

Democracia deliberativa – Uma entrevista . *83*

O que quer dizer "democracia deliberativa"?
Objeções e mal-entendidos . *101*

Referências bibliográficas . *121*

Índice onomástico . *125*

Introdução à Coleção

Se desde muito tempo são raros os pensadores capazes de criar passagens entre as áreas mais especializadas das ciências humanas e da filosofia, ainda mais raros são aqueles que, ao fazê-lo, podem reconstruir a fundo as contribuições de cada uma delas, rearticulá-las com um propósito sistemático e, ao mesmo tempo, fazer jus às suas especificidades. Jürgen Habermas consta entre estes últimos.

Não se trata de um simples fôlego enciclopédico, de resto nada desprezível em tempos de especialização extrema do conhecimento. A cada passagem que Habermas opera, procurando unidade na multiplicidade das vozes das ciências particulares, corresponde, direta ou indiretamente, um passo na elaboração de uma teoria da sociedade capaz de apresentar, com qualificação conceitual, um diagnóstico crítico do tempo presente. No decorrer de sua obra, o diagnóstico se altera, às vezes incisiva e mesmo abruptamente, com frequência por deslocamentos de ênfase; porém, o seu propósito é sempre o mesmo: reconhecer na realidade das sociedades modernas os potenciais de emancipação e seus obstáculos, buscando apoio em pesquisas empíricas e nunca deixando de justificar os seus próprios critérios.

Certamente, o propósito de realizar um diagnóstico crítico do tempo presente e de sempre atualizá-lo em virtude das transformações históricas não é, em si, uma invenção de Habermas. Basta se reportar ao ensaio de Max Horkheimer sobre "Teoria Tradicional e Teoria Crítica", de 1937, para dar-se conta de que essa é a maneira mais fecunda pela qual se segue com a Teoria Crítica. Contudo, se em cada diagnóstico atualizado é possível entrever uma crítica ao modelo teórico anterior, não se pode deixar de reconhecer que Habermas elaborou a crítica interna mais dura e compenetrada de quase toda a Teoria Crítica que lhe antecedeu – especialmente Marx, Horkheimer, Adorno e Marcuse. Entre os diversos aspectos dessa crítica, particularmente um é decisivo para compreender o projeto habermasiano: o fato de a Teoria Crítica anterior não ter dado a devida atenção à política democrática. Isso significa que, para ele, não somente os procedimentos democráticos trazem consigo, em seu sentido mais amplo, um potencial de emancipação, como nenhuma forma de emancipação pode se justificar normativamente em detrimento da democracia. É em virtude disso que ele é também um ativo participante da esfera pública política, como mostra boa parte de seus escritos de intervenção.

A presente Coleção surge como resultado da maturidade dos estudos habermasianos no Brasil em suas diferentes correntes e das mais ricas interlocuções que sua obra é capaz de suscitar. Em seu conjunto, a produção de Habermas tem sido objeto de adesões entusiasmadas, críticas transformadoras, frustrações comedidas ou rejeições virulentas – dificilmente ela se depara com a indiferença. Porém, na recepção dessa obra, o público

Uma nova mudança estrutural da esfera pública e a política deliberativa

brasileiro tem enfrentado algumas dificuldades que esta Coleção pretende sanar. As dificuldades se referem principalmente à ausência de tradução de textos importantes e à falta de uma padronização terminológica nas traduções existentes, o que, no mínimo, faz obscurecer os laços teóricos entre os diversos momentos da obra.

Incluímos na Coleção praticamente a integralidade dos títulos de Habermas publicados pela editora Suhrkamp. São cerca de quarenta volumes, contendo desde as primeiras até as mais recentes publicações do autor. A ordem de publicação evitará um fio cronológico, procurando atender simultaneamente o interesse pela discussão dos textos mais recentes e o interesse pelas obras cujas traduções ou não satisfazem os padrões já alcançados pela pesquisa acadêmica ou simplesmente inexistem em português. Optamos por não adicionar à Coleção livros apenas organizados por Habermas ou, para evitar possíveis repetições, textos mais antigos que foram posteriormente incorporados pelo próprio autor em volumes mais recentes. Notas de tradução e de edição serão utilizadas de maneira muito pontual e parcimoniosa, limitando-se, sobretudo, a esclarecimentos conceituais considerados fundamentais para o leitor brasileiro. Além disso, cada volume conterá uma apresentação, escrita por um especialista no pensamento habermasiano, e um índice onomástico.

Os editores da Coleção supõem que já estão dadas as condições para sedimentar um vocabulário comum em português, a partir do qual o pensamento habermasiano pode ser mais bem compreendido e, eventualmente, mais bem criticado. Essa suposição anima o projeto editorial desta Coleção, bem como a convicção de que ela irá contribuir para uma discussão de qua-

Jürgen Habermas

lidade, em meio ao público brasileiro, sobre um dos pensadores mais inovadores e instigantes do nosso tempo.

Comissão Editorial

Antonio Ianni Segatto
Denilson Luís Werle
Luiz Repa
Rúrion Melo

Apresentação à edição brasileira

Denilson Luís Werle[*]
Rúrion Melo[**]

O primeiro grande clássico de Jürgen Habermas, *Mudança estrutural da esfera pública*, foi originalmente publicado em 1962.[1] Exatos trinta anos se passaram para que, em 1992, com outro diagnóstico de tempo e outros meios teórico-conceituais, Habermas atualizasse sua reflexão sobre a esfera pública no livro *Facticidade e validade*, onde elaborou uma complexa teoria discursiva do direito e da democracia.[2] Transformações políticas, culturais e tecnológicas decisivas, alavancadas em um processo de ascensão e crise tanto da democracia quanto do neoliberalismo,

---

[*] Professor de Ética e Filosofia Política no Departamento de Filosofia da UFSC.

[**] Professor de Teoria Política no Departamento de Ciência Política da USP.

[1] Jürgen Habermas, *Mudança estrutural da esfera pública*. São Paulo: Editora Unesp, 2014.

[2] Idem, *Facticidade e validade*. São Paulo: Editora Unesp, 2021.

e especialmente a escalada de uma direita autoritária em diferentes regiões do planeta, levaram Habermas a publicar, em 2022, o seu mais novo livro, *Uma nova mudança estrutural da esfera pública e a política deliberativa*. A preocupação crítica recente guarda ao menos uma similaridade em relação ao clássico de 1962. Nos dois casos, o diagnóstico das mudanças estruturais da esfera pública está na base de uma teoria crítica da democracia que visa não apenas apontar os potenciais de emancipação presentes no teor normativo de uma política deliberativa mais ou menos inscrito nas práticas e instituições do Estado democrático de direito, mas também compreender os momentos de regressão e os obstáculos diante do pano de fundo das crises enfrentadas pelas sociedades capitalistas democráticas modernas. Afinal, "a teoria democrática e a crítica do capitalismo andam juntas" (p.99).

A questão que serve de fio condutor dos diagnósticos das mudanças estruturais da esfera pública e está na base da teoria crítica da democracia em Habermas consiste em examinar as condições sociais (materiais e simbólicas) e institucionais necessárias para a realização efetiva de práticas de autodeterminação política entre cidadãos livres e iguais que, pelo uso público de sua razão, isto é, pela discussão mediante razões, deliberam e tomam decisões coletivas sobre diversas questões políticas de interesse comum. Trata-se de uma questão que envolve dimensões teórico-explicativas de diagnóstico do tempo presente, bem como dimensões normativas sobre como entender o uso público da razão – no caso de Habermas, entender o que é a política deliberativa. E a esfera pública é a categoria central para responder à questão em suas duas dimensões.

Embora a esfera pública seja um fenômeno social que desempenha diferentes funções na sociedades capitalistas demo-

Uma nova mudança estrutural da esfera pública e a política deliberativa

cráticas modernas – e a obra de 1962 ainda estabelece as bases iniciais para sua compreensão –, no presente livro Habermas se volta para a "função que a esfera pública cumpre para salvaguardar a existência da comunidade democrática" (p.28), mais especificamente se debruça sobre a estrutura midiática modificada pelas inovações tecnológicas como as plataformas da mídia social e coleta de *big data* e seu impacto sobre o processo político. A ideia central dessa análise é que a existência de uma comunidade democrática, seu desenvolvimento e relativa estabilidade, podem ser avaliados pelos padrões de sua comunicação pública: a hipótese é a de que quanto mais o uso público da razão, isto é, a discussão mediante razões, livre, inclusiva e reflexiva, estiver presente nas práticas deliberativas e nos procedimentos institucionalizados, maior será o nível de democratização de uma sociedade. Por isso, não é por acaso que o livro começa com uma breve, porém importante, observação metódica sobre a relação entre teoria normativa e teoria empírica para evitar justamente mal-entendidos sobre o sentido da análise da nova mudança estrutural da esfera pública política e suas consequências sobre a concepção de política deliberativa carregada de pressupostos normativos.

Como Habermas já deixou claro em outras ocasiões,[3] não se trata de uma contraposição abstrata e filosoficamente ingênua entre ideal normativo e realidade social. Claro, podemos elaborar um rol de diversos indicadores sobre procedimentos democráticos (liberdades iguais e direitos individuais que incluem a todos os concernidos, iguais direitos de comunicação e oportunidades de participação política, eleições livres, com-

---

3 Cf. especificamente Habermas, *Facticidade e validade*, op. cit., p.369.

petições entre partidos, complexos parlamentares, regra da maioria, alternância de poder etc.) e suas bases sociais (níveis de escolaridade, indicadores de desenvolvimento humano e de bem-estar, acesso ao saneamento básico, moradia, distribuição de renda e riqueza etc.) para operacionalizar empiricamente um conceito de democracia e avaliar se uma determinada sociedade está ou não se aproximando de uma democracia ideal. Ou podem ser avaliadas uma série de condições econômicas, sociais e culturais – como faz o próprio Habermas no presente livro, na seção 3 do ensaio inicial – que precisam ser atendidas para que a esfera pública desempenhe suas funções críticas na política deliberativa em democracias capitalistas suscetíveis à crise. Estes são, sem dúvida, critérios importantes que apontam para situações problemáticas e déficits de uma sociedade democrática, mas não permitem uma abordagem realista para apreender as constelações favoráveis e os obstáculos que impedem a efetivação de potenciais de racionalização já inscritos nas instituições e vigentes na sociedade. "É por isso que [...] a política deliberativa não é um ideal elevado a partir do qual teríamos de medir a realidade desprezível, mas sim, nas sociedades pluralistas, um pré-requisito para a existência de qualquer democracia digna deste nome." (p.36) A teoria democrática precisa operar de maneira reconstrutiva, partindo do teor racional das normas e práticas que adquirem validade positiva nos Estados constitucionais democráticos e cujos pressupostos normativos idealizantes estão parcialmente inscritos na práxis social e na consciência dos cidadãos e cidadãs. Nesse sentido, "uma teoria da democracia, portanto, não precisa se submeter à tarefa de formular os princípios de uma ordem política justa por si só, ou seja, *construí-los* e justificá-los para torná-los

Uma nova mudança estrutural da esfera pública e a política deliberativa

pedagogicamente presentes aos cidadãos; em outras palavras, não precisa se entender como teoria *projetada* normativamente. Em vez disso, sua tarefa consiste muito mais em *reconstruir racionalmente* tais princípios a partir do direito vigente e das respectivas expectativas intuitivas e das concepções de legitimidade dos cidadãos" (p.35). Um dos eixos centrais da análise da *Nova mudança estrutural da esfera pública*, em que Habermas se debruça mais longamente sobre a internet e as mídias sociais para explicar as mudanças específicas na estrutura da comunicação pública e elabora algumas hipóteses sobre seus impactos na função política da esfera pública, consiste justamente em ver as relações entre a nova configuração da vida democrática, promovida pelas mudanças no padrão de comunicação, e a percepção que os cidadãos e cidadãs têm da esfera pública política. É inegável que a entrada das tecnologias de informação e de comunicação produziram uma "mudança estrutural" de grande escala. Mas, afinal, quais são as consequências do progresso tecnológico da comunicação digitalizada sobre o processo político? Nas últimas décadas, a resposta a essa pergunta variou entre perspectivas otimistas (que sublinharam aspectos emancipatórios e potencialidades democráticas de sociedades digitalizadas, como difusão da informação, empoderamento dos usuários e ganhos de autonomia, descentralização e horizontalidade em formas de auto-organização política e de mobilização dos cidadãos) e pessimistas (que ressaltaram traços como fragmentação e isolamento, mercantilização, manipulação populista e difusão de *fake news*, controle algorítmico etc., os quais culminam em uma tendência privatista de despolitização). Habermas reconhece, por um lado, que a internet poderia potencializar os meios para a realização da promessa de inclusão de todos os concernidos nos processos deliberativos de formação pública da opinião. Contudo, de acordo com o diagnóstico mais amplo apresentado no livro, a nova mudança estrutural da esfera pública levada a cabo pelo progresso tecnológico da comunicação digitalizada não tem contribuído com mais vigor para o incremento da qualidade discursiva das deliberações. Muito pelo contrário. "Essa grande promessa emancipatória é hoje abafada, ao menos parcialmente, pelos ruídos selvagens em câmaras de eco fragmentadas e que giram em torno de si mesmas" (p.61).

O livro procura contribuir com uma reflexão crítica sobre as potencialidades democráticas da internet e das mídias sociais ao lançar luz sobre um processo ambivalente. Se a comunicação digitalizada superou restrições das mídias de massa tradicionais, sempre tuteladas por poderosos conglomerados do mercado da comunicação, bem como transpôs fronteiras nacionais, esse caráter mais inclusivo também foi acompanhado por uma fragmentação radical de interações comunicativas, tornando mais difícil que a formação da opinião, agora efetuada por grupos autorreferidos e organizados em formato de plataforma, pudesse contribuir com a totalidade do processo democrático. O "perigo da fragmentação da esfera pública, associada ao mesmo tempo a uma esfera pública *sem limites*", acaba por formar "circuitos de comunicação que se isolam dogmaticamente *uns dos outros*" (p.62). Ou seja, a nova mudança estrutural da esfera pública apresenta tendências imanentes e simultâneas tanto de dissolução de suas fronteiras quanto de fragmentação da formação política da opinião e da vontade. Embora Habermas não negue categoricamente o potencial deliberativo das novas tecnologias, ele se preocupa com o fato de que, ao serem amplamente usadas por uma parcela significativa da população,

Uma nova mudança estrutural da esfera pública e a política deliberativa

e também pela pressão que exercem sobre a mídia tradicional, elas têm impacto profundo sobre a percepção da esfera pública e põem em risco um dos pressupostos importantes para o processo deliberativo de uma formação discursiva da opinião pública e tomada de decisão. A mídia tradicional desempenha um importante papel como "instância de mediação que, na diversidade de perspectivas de situações de vida social e formas culturais de vida, extrai um núcleo de interpretação intersubjetivamente compartilhado entre as visões de mundo concorrentes e assegura que seja *aceito racionalmente* de modo geral" (p.69). É claro, não se trata de vê-la como fiador último da objetividade do mundo nem de desconsiderar a presença do poder econômico, suas estratégias seletivas de manipulação, exclusão, mas de reconhecer que a mídia tradicional, "com seu fluxo de informações e interpretações renovadas diariamente, confirma, corrige e complementa a imagem cotidiana vaga de um *mundo assumido como objetivo*, que mais ou menos *todos os contemporâneos* presumem que também seja aceito por todos os demais como o mundo 'normal' ou válido" (p.70). Entre outros riscos, é esse pressuposto de um mundo objetivo comum e, consequentemente, de uma agenda política comum, que é posto em xeque pelas novas tecnologias de comunicação, as quais atualmente fragmentam e dissolvem as esferas públicas: as plataformas digitais funcionam como "câmaras de eco" ou bolhas sociais para "seguidores" de mentalidade semelhante, que se isolam daqueles com opiniões dissonantes.

A novidade dessas tendências resulta do fato de que o progresso tecnológico da comunicação digitalizada foi especificamente construído por um amplo processo de "plataformização da esfera pública". E isso permitiu que o público consumidor da mídia de massa tradicional assumisse agora o papel de autor dos meios comunicativos com grande potencial difusivo. Para Habermas, as mídias sociais mudam radicalmente o padrão de comunicação porque "*capacitam*, em princípio, todos os potenciais usuários a serem autores independentes e com igualdade de direitos. A 'nova' mídia difere da mídia tradicional na medida em que as empresas digitais usam essa tecnologia para oferecer aos potenciais usuários possibilidades ilimitadas de rede digital como se fossem quadros em branco para apresentarem seu próprio conteúdo comunicativo" (p.59). No entanto, a despeito de, em princípio, capacitar a autonomia dos usuários de mídia, as novas tecnologias foram sequestradas por grandes empresas quase monopolistas que as projetam e gerenciam principalmente para coletar dados sobre os usuários como base para novas formas de acumulação capitalista. As mídias sociais corporativas contemporâneas convidam à proliferação de "comunidades" on-line fortemente competitivas, às vezes antagônicas, que dependem de padrões epistêmicos contraditórios e provavelmente incongruentes. "Esta nova mídia real é formada por empresas que obedecem aos imperativos de valorização do capital e estão entre as corporações 'mais valiosas' em todo mundo em termos de seu valor de mercado" (p.68). Isso significa que, hoje em dia, as "tendências de despolitização" produzidas pelo alinhamento de política e entretenimento se tornaram muito mais intensas com oferta da mídia social. A plataformização de uma esfera pública que é perpassada por relações de poder e por imperativos de valorização do capital tanto empodera os usuários a participar, de maneira inclusiva e fragmentária, da comunicação digitalizada, quanto propicia as condições para que essa participação se converta em "autoa-

Uma nova mudança estrutural da esfera pública e a política deliberativa

firmação narcisista e encenação das singularidades" dos próprios concernidos.

Portanto, as mídias sociais modificaram a percepção sobre a esfera pública em parcelas consideráveis da população, alterando o sentido inclusivo que a definia bem como a exigência de universalização de interesses que pudesse abranger todos os cidadãos. Com essa nova mudança estrutural, vemos antes a tendência de uma esfera pública que vira as costas para a percepção tradicional da própria política. Mas, segundo Habermas, isso não ocorre em termos críticos e nem, em sua visão, conduz de modo mais claro a um aprofundamento democrático. Esse processo tem levado à formação de uma "esfera semipública" que se apoia sobre a função representativa de uma "sociedade de singularidades" altamente fragmentada, cuja lealdade encontra eco apenas entre seus próprios destinatários: "Na perspectiva limitada desse tipo de esfera semipública [*Halböffentlichkeit*], a esfera pública política dos Estados constitucionais democráticos não pode mais ser percebida como um espaço inclusivo para um possível esclarecimento discursivo acerca de pretensões de validade da verdade e da consideração universal de interesses que competem entre si; é precisamente esta esfera pública *que surge como inclusiva* que, então, é rebaixada para *esferas semipúblicas* que competem em pé de igualdade" (p.77).

Dentro da lógica dessas esferas semipúblicas, temas e contribuições não são de antemão passíveis de crítica discursiva. Sobretudo porque a finalidade da comunicação digitalizada em seu interior não é, fundamentalmente, a capacitação de uma deliberação crítica e reflexiva. Embora Habermas não exclua que as mídias sociais sejam ocupadas por participantes preocupados em qualificar democraticamente a formação pública da opinião, o formato tecnológico da comunicação digitalizada levanta barreiras para potencialidades democráticas das mídias. Trata-se menos de deliberar em prol da verdade de enunciados objetivos ou de critérios de correção normativa, e sim de reforçar opiniões ideologicamente convincentes entre os membros de seu próprio público fragmentado – mesmo que isso se erija sobre a difusão de *fake news*. A regra de inclusividade não leva à universalização da formação da opinião em processos deliberativos voltados a questões que atingem em comum todos os cidadãos, mas sim ao reconhecimento e à aceitação por destinatários que formam esse próprio público. Por isso, não importa, para tais usuários, critérios objetivos acerca da verdade de enunciados ou da correção normativa de normas comuns, já que "*fake news* não podem mais ser identificadas como tais da perspectiva dos participantes" (p.78).

Logo, uma comunicação digitalizada voltada a ecoar entre destinatários de esferas semipúblicas tende à deformação generalizada da percepção da esfera pública política. E se, por um lado, isso potencializa o risco de tendências privatistas de despolitização, por outro, quando se procura compreender o diagnóstico do tempo presente, a formação de esferas semipúblicas possui uma força política manifesta. As mídias sociais jogam papel decisivo nas mobilizações e disputas de nossa sociedade cada vez mais digitalizada, em especial quando nos voltamos à emergência do populismo de direita. Habermas se preocupa em adicionar às suas reflexões sobre progresso tecnológico da comunicação digital, especialmente no que diz respeito à "plataformização da esfera pública", tendências inter-relacionadas que são fundamentais para a compreensão da emergência de novos movimentos populistas de direita.

Uma nova mudança estrutural da esfera pública e a política deliberativa

E aqui ele reatualiza sua posição em relação a uma ideia central: a difícil compatibilidade entre capitalismo e democracia. Hoje, toda tentativa de manter compromissos entre capitalismo e democracia, tal como aquele estabelecido no período do pós-guerra em países desenvolvidos, tem sido fortemente abalada pelo neoliberalismo e pela globalização econômica. Estes compõem condições estruturais de formação de uma cultura política antissistema, uma vez que um número crescente de cidadãos tem sido socialmente excluído na mesma medida em que governos falham em responder de forma eficaz às preferências e interesses de seus eleitores, aprofundando uma crise de legitimação democrática com amplas consequências para uma esfera pública política. E isso permite precisamente a abertura para o surgimento de um "populismo dos excluídos", que inflama cidadãos radicalizados e turbina com as mídias sociais os seus ataques ao sistema político.

Ora, as condições provocadas pela atual crise do neoliberalismo, uma vez que se sucedem fracassos, por assim dizer, na tentativa de domesticar o capitalismo, geram não apenas desigualdade social, mas também uma grave crise das democracias. Especialmente quando pensamos nas tendências privatistas de despolitização. E nesse ponto Habermas novamente reitera o seu modo de fundamentar uma teoria crítica da democracia sem precisar lançar mão de meras distinções entre ideais normativos e realidades empíricas. No contexto de *Facticidade e validade*, a defesa de uma democracia radical estava atrelada a um diagnóstico a respeito das lutas sociais que aspiravam ao aprofundamento democrático e cujos motivos práticos poderiam ser intrinsecamente reconstruídos a partir do teor normativo da gramática jurídico-política do núcleo deliberativo de uma circulação do

Jürgen Habermas

poder em esferas públicas (informais e formais) de um processo político constituído pelo Estado de Direito. Trinta anos depois, Habermas demonstra mais preocupação com o enraizamento dessas pressuposições normativas nos processos políticos efetivos. Pois "hoje, os sinais de regressão política são visíveis a olho nu" (p.56). É possível que, na esteira de uma nova mudança estrutural da esfera pública, os cidadãos ainda sejam capazes de se identificar com o jogo democrático? Para o autor, crises climáticas e migratórias, uma pandemia global e uma guerra capaz de envolver as maiores potências mundiais, imperativos de mercados globalmente desregulamentados, ou seja, mudanças na situação econômica e política mundial, somados ao temor de declínio social descontrolado diante das crescentes desigualdades de renda e riqueza, precarização das relações de trabalho e das condições de vida, assentaram as bases para tendências de despolitização com consequências dramáticas para a democracia. O problema mais grave, segundo Habermas, é que aqueles que perdem a fé na democracia tornam-se alvos fáceis para os populistas de direita que exploram suas frustrações e o potencial antidemocrático resultante. A *regressão política visível a olho nu* deixa-se mostrar em eventos recentes, como é o caso da invasão do Capitólio em 6 de janeiro de 2021, quando Donald Trump encontrou eco na ira de cidadãos radicalizados – ou na tentativa de golpe cívico-militar ocorrida no Brasil em 8 de janeiro de 2023, quando apoiadores inflamados de Jair Bolsonaro invadiram a Praça dos Três Poderes alegando não reconhecer o resultado legítimo das eleições democráticas que levaram Lula à presidência nesse mesmo ano.

O livro nos convida então a uma reflexão bastante atual sobre os desafios de uma política deliberativa diante de novas

Uma nova mudança estrutural da esfera pública e a política deliberativa

tecnologias da informação e de mídias sociais que, no presente contexto, permitem que se faça o jogo de populistas antidemocráticos e autoritários. Pois a nova estrutura midiática que se configurou por intermédio da "plataformização da esfera pública" acabou atingindo imperativos democráticos constitucionais e deturpando o caráter racionalmente inclusivo e deliberativo da formação pública comum da opinião e da vontade. A "democracia da pós-verdade", que se normalizou de forma assustadora durante o governo Trump, efetivamente vende desinformação e teorias da conspiração exageradas (como no caso das manifestações anticorona e antivacina), dissemina *fake news* e, ao mesmo tempo, luta contra a "imprensa mentirosa". Como ele observa com precisão, a grande mídia é cada vez mais forçada pelas pressões do mercado a imitar as mídias sociais à primeira vista inclusivas e não hierárquicas, mas fundamentalmente lucrativas e com contornos corporativos. Essa tendência, que tem sido aproveitada de maneira perspicaz por governos antidemocráticos, acaba minando, em longo prazo, a receptividade do público a notícias e discussões políticas de interesse comum.

Não se trata absolutamente de pressupor que, pelas mídias sociais, os cidadãos do Estado se tornam marionetes passivas de estratégias populistas. Habermas evita qualquer tipo de determinismo tecnológico ou de ausência de agência política (colocando-se contra a tese de uma "incapacitação do usuário de mídia"). No entanto, as ambivalências da práxis política dos participantes da formação da opinião e da vontade em uma esfera pública atravessada pelo poder econômico, político e cultural, e que se reproduz no formato de bolhas sociais ou "ilhas de comunicação", precisam ser profundamente esclarecidas: trata-se de compreender o processo dinâmico no qual os cidadãos oscilam entre os papéis de autores de um circuito de comunicação tanto irrestrito quanto extremamente fragmentado, de um lado, e de consumidores que se colocam, em grande medida, à disposição das estratégias do mercado midiático, de outro. Uma teoria crítica preocupada em diagnosticar a crise da democracia precisa apreender adequadamente a complexa agência da práxis política dos cidadãos na qualidade de usuários de mídias sociais. Habermas pretende, neste livro, contribuir então com um debate muito intenso e rico, sem de modo algum querer esgotá-lo, mas sem deixar de orientar o seu olhar à questão de saber, afinal, de que maneira a promessa emancipatória de uma democracia radical poderia ser mantida junto à plataformização da esfera pública em sociedades cada vez mais digitalizadas. Trata-se de levantar outra vez hipóteses de pesquisa que ajudem a responder à questão que tem orientado as reflexões de Habermas sobre as relações entre moral, política e direito: como é possível atualizar nossa capacidade de agir politicamente, isto é, a condução consciente de nossas vidas em práticas de autodeterminação política e autogoverno por meio do uso público da razão, no contexto de sociedades democráticas plurais e complexas suscetíveis a crises?

Prefácio

Agradeço aos meus colegas Martin Seeliger e Sebastian Sevignani que, no âmbito de sua preocupação atual com a questão de saber se precisamos falar de uma "nova" mudança estrutural da esfera pública, incentivaram-me a voltar outra vez a um tema antigo, embora há muito tempo eu venha me dedicando a outras questões e tome conhecimento das publicações relevantes sobre o tema apenas de forma muito seletiva. Para esse fim, consegui me atualizar sobre o estado da discussão especializada através das contribuições que reuniram em um volume especial da revista *Leviathan*, que nesse ínterim acabou sendo publicada.[1] Agradeço aos colegas por essa leitura instrutiva.

Não é nenhuma surpresa que atualmente o tema esteja atraindo um interesse tão amplo. Por isso, decidi tornar acessível a um público mais geral a minha própria contribuição ao volume acima mencionado, mas em uma forma ligeiramente revisada. Vou complementar este texto com duas explicações

---

[1] Seeliger; Sevignani (orgs.), Ein erneuter Strukturwandel der Öffentlichkeit?, *Leviathan*, caderno especial, n.37, 2021.

sobre o conceito de política deliberativa que depende de uma formação democrática e esclarecida da vontade na esfera pública política. Trata-se da versão resumida de uma entrevista para o *Oxford Handbook on Deliberative Democracy*[2] e da elaboração do meu prefácio a um volume de entrevistas sobre o mesmo tema, editado por Emily Prattico.[3]

Jürgen Habermas
Starnberg, janeiro de 2022

---

2 Habermas, Interview, em Bächtiger; Dryzek; Mansbridge; Warren (orgs.), *The Oxford Handbook of Deliberative Democracy*, p.871-83.

3 Habermas, Foreword, em Prattico (org.), *Habermas and the Crisis of Democracy. Interviews with Leading Thinkers.*

Reflexões e hipóteses sobre uma renovada mudança estrutural da esfera pública política

Como autor do livro *Strukturwandel der Öffentlichkeit*, publicado há seis décadas, que Martin Seeliger e Sebastian Sevignani escolheram como ponto de partida para iniciar sua discussão atual,[1] permito-me fazer duas observações. Em termos de vendas, o livro, embora tenha sido o meu primeiro, tem permanecido o meu mais bem-sucedido até hoje. A outra observação refere-se à razão que presumo estar na base dessa história de efeito incomum: o livro contém uma apresentação histórico-social e histórico-conceitual da esfera pública que tem atraído muita crítica, mas também dado novos impulsos a uma pesquisa histórica mais ampla. Esse lado histórico não é o nosso tema aqui. Mas a consequência para as ciências sociais foi que o conceito político da esfera pública acabou sendo incorporado em um contexto socioestrutural mais amplo. Até então, o termo havia sido usado de forma pouco específica, principalmente no campo conceitual da "opinião pública", que desde Lazarsfeld também foi concebido de maneira demoscópica, ao passo que

---

1 Seeliger; Sevignani, op. cit.

Jürgen Habermas

agora a esfera pública concebida de maneira sociológica recebeu um lugar entre a sociedade civil e o sistema político nas estruturas funcionalmente diferenciadas das sociedades modernas. Assim, a esfera pública também poderia ser examinada em sua contribuição funcional para a integração da sociedade e, especificamente, tendo em vista a integração política dos cidadãos.[2] Embora esteja ciente de que a esfera pública é um fenômeno social que vai muito além da contribuição funcional para a formação democrática da vontade em estados constitucionais,[3] mais tarde também tratei o tema da perspectiva da teoria política.[4] No presente texto, também parto da função que a esfera pública cumpre para salvaguardar a existência da comunidade democrática.

Discutirei inicialmente a relação entre a teoria normativa e a teoria empírica (I), para depois explicar por que e como

2 Peters, *Die Integration moderner Gesellschaften*, bem como: id. On Public Deliberation and Public Culture: Reflections on the Public Sphere, em: Wessler (org.), *Public Deliberation and Public Culture. The Writings of Bernard Peters*, p.134-59; a partir dessa perspectiva, cf. também Wessler, *Habermas and the Media*.

3 Sobre a relação da esfera pública política e a literária, cf. o olhar de relance em Habermas, Warum nicht lesen?, em Wagner; Raabe (orgs.), *Warum Lesen*, p.99-123.

4 O capítulo sobre o papel da sociedade civil e da esfera pública em *Facticidade e validade* está vinculado ao capítulo final de *Mudança estrutural da esfera pública*, e sobretudo à introdução à nova edição de 1990: Habermas, *Faktizität und Geltung. Beiträge zur Diskurstheorie des Rechts und des demokratischen Rechtsstaats*, p.399-467; id., *Strukturwandel der Öffentlichkeit. Untersuchungen zu einer Kategorie der bürgerlichen Gesellschaft*. Por fim, sobre isso: Habermas, Hat die Demokratie noch eine epistemische Funktion? Empirische Forschung und normative Theorie, em id., *Ach Europa*, p.177-91. Reimpresso em id., *Philosophische Texte. Studienausgabe in fünf Bänden*, v.4, *Politische Theorie*, p.87-139.

Uma nova mudança estrutural da esfera pública e a política deliberativa

o processo democrático, ao ser institucionalizado nas condições de uma sociedade individualizada e pluralista, deve ser compreendido à luz da política deliberativa (2), e, por fim, recordar as condições improváveis de estabilidade de uma democracia capitalista propensa a crises (3). Nesse marco teórico, para o qual a *Mudança estrutural* de 1962 foi um trabalho sócio-histórico preparatório, delineio a estrutura midiática modificada digitalmente e seus impactos no processo político. O progresso tecnológico da comunicação digitalizada promove, em primeiro lugar, tendências que dilatam os limites da esfera pública, mas também provocam sua fragmentação. O caráter horizontal [*Plattformcharakter*] da nova mídia, ao lado da esfera pública editada [*redaktionellen Öffentlichkeit*], cria um espaço de comunicação no qual leitores, ouvintes e espectadores podem assumir espontaneamente o papel de autores (4). O alcance da nova mídia pode ser visto no resultado de um levantamento longitudinal sobre o uso dos serviços de mídia ampliados. Embora o uso da internet tenha se espalhado rapidamente nas últimas duas décadas e a televisão e o rádio tenham mantido mais ou menos suas percentagens, o consumo de jornais impressos e revistas está caindo drasticamente (5). A ascensão da nova mídia está ocorrendo à sombra de uma exploração comercial da comunicação de rede que, por enquanto, está pouco regulamentada. Por um lado, isso ameaça retirar a base econômica dos editores e dos jornalistas tradicionais como o grupo profissional competente; por outro lado, parece que se impõe entre os usuários exclusivos da mídia social um modo de comunicação semipública, fragmentada e que gira em torno de si mesma, o que deforma sua *percepção da esfera pública política* como tal. Se essa suposição estiver correta, põe-se em risco, para uma parcela crescente dos cidadãos, um importante pressuposto subjetivo para o modo mais ou menos deliberativo de formação da opinião e da vontade (6).

I

Em trabalhos que tratam do papel da esfera pública política nos Estados constitucionais democráticos, geralmente fazemos a distinção entre investigações empíricas e teorias normativas – John Rawls fala de "teoria ideal". Acho que é uma alternativa muito simplificada. Na minha visão, a teoria democrática deveria reconstruir racionalmente o teor racional das normas e práticas que adquiriram validade positiva a partir das revoluções constitucionais do final do século XVIII e, assim, tornaram-se parte da realidade histórica. O simples fato de que estudos empíricos de processos democráticos de formação de opiniões perdem sua perspicácia se *não forem também* interpretados à luz dos *requisitos* normativos que deveriam ser preenchidos em estados constitucionais democráticos chama a atenção para uma circunstância interessante. É claro que isso requer uma breve digressão histórica, pois somente com aqueles atos revolucionários que deram validade positiva aos direitos fundamentais foi inserido um novo *desnível normativo* na consciência dos cidadãos e das cidadãs e, portanto, na própria *realidade social*.

O que há de novo no fato histórico dessa normatividade peculiarmente elevada das ordens constitucionais fundamentadas em termos de direitos fundamentais, que é "insaturada" e aponta para além do *status quo*, pode ser mais bem compreendido diante do pano de fundo da normatividade social usual.

Uma nova mudança estrutural da esfera pública e a política deliberativa

Fenômenos sociais – quer se trate de ações, fluxos de comunicação ou artefatos, valores ou normas, hábitos ou instituições, contratos ou organizações – têm um caráter regular. Isso se reflete na possibilidade do comportamento desviante – as regras podem ser seguidas ou violadas. Ora, existem diferentes tipos de regras: regras lógicas, matemáticas, gramaticais, regras do jogo e regras de ação instrumentais e sociais, que, por sua vez, podem ser distinguidas de acordo com interações estratégicas e interações reguladas normativamente. Estas últimas normas citadas são as que se caracterizam pelo modo de validade peculiar ao dever.[5] Como pode ser observado na natureza das sanções por comportamentos desviantes, tais expectativas normativas de comportamento podem impor demandas mais *ou menos rigorosas*, com a moralidade levantando as exigências mais rigorosas. As *morais universalistas,* que aparecem com as visões de mundo da era axial, são caracterizadas pelo fato de que elas exigem, em princípio, o tratamento igual de todas as pessoas. No curso do Iluminismo europeu, esse potencial cognitivo da moral acabou se destacando dos respectivos panos de fundo religioso ou da visão de mundo e se diferenciou de forma tal que – segundo o tom kantiano que ainda é determinante nos tempos atuais – cada indivíduo merece o respeito igual em sua individualidade inalienável e *deve* receber o tratamento igual. De acordo com esse entendimento, o comportamento de cada pessoa, levando em conta sua situação individual, deve ser jul-

---

5 Contudo, em geral, as teorias sociológicas escolhem uma abordagem conceitual que ofusca o sentido cognitivo desta dimensão de validade e reduzem o efeito vinculante da validade deontológica à ameaça de sanções.

gado precisamente de acordo com as normas universais que – do ponto de vista examinado de maneira discursiva de todos os possíveis concernidos – são simetricamente boas para todos.

Em nosso contexto, o que interessa é certa consequência sociológica desse desenvolvimento: deve-se recordar o radicalismo inaudito da moralidade racional para avaliar a elevada estatura da reivindicação desse universalismo igualitário e individualista e, depois, com uma mudança de olhar da *moral* racional para o *direito* racional inspirado naquela moral, entender qual o significado histórico desse acentuado potencial cognitivo da moral que constitui, desde as duas primeiras revoluções constitucionais, o cerne dos direitos fundamentais sancionados pelo Estado e, portanto, do direito positivo em geral. Com a "declaração" dos direitos humanos e dos direitos fundamentais, o conteúdo da moral racional migrou para o *medium* do direito constitucional coercitivo, construído a partir de direitos subjetivos! Com aqueles atos *historicamente sem precedentes* da fundação das ordens democráticas constitucionais, no final do século XVIII, a tensão de um desnível normativo *até então desconhecida* se aninhou na consciência política dos cidadãos juridicamente livres e iguais. Esse incentivo a uma nova autocompreensão normativa caminha lado a lado com uma nova consciência histórica, examinada por Reinhart Koselleck, que é ofensivamente orientada para o futuro – uma mudança complexa de consciência como um todo, que ao mesmo tempo está inserida na dinâmica capitalista de uma mudança nas condições de vida social acelerada pelo progresso técnico. Entretanto, nas sociedades ocidentais, é claro que, nesse meio-tempo, essa dinâmica provocou uma consciência bastante defensiva que se sente mais oprimida pelo crescimento na complexidade social

Uma nova mudança estrutural da esfera pública e a política deliberativa

impulsionado tecnológica e economicamente. Mas os movimentos sociais, que persistem até hoje e que repetidamente sacodem a consciência chamando a atenção para a inclusão incompleta de grupos oprimidos, marginalizados e degradados, de grupos refugiados, explorados e desfavorecidos, de classes sociais, subculturas, gêneros, etnias, nações e continentes, nos lembram do desnível entre a positividade da validade e os *conteúdos ainda insaturados* dos direitos humanos que agora não são mais apenas "declarados" nacionalmente.[6] Portanto, e é isso que pretendo salientar no meu excurso, um dos pré-requisitos

---

6 O texto da Constituição Francesa de setembro de 1791 começa com um catálogo que faz a distinção entre *droits naturels* [direitos naturais] e *droits civils* [direitos civis]. Com isso, ela levou em conta a discrepância temporal que existe entre o âmbito de validade atual dos direitos universais de cidadania e a pretensão de validade dos direitos "naturais" ainda não realizada, que aponta para muito além das fronteiras territoriais do Estado francês, os quais são atribuídos simetricamente a todas as pessoas em virtude de sua humanidade. De modo paradoxal, os direitos civis e os direitos humanos positivados como direitos fundamentais mantêm o sentido de direitos universais mesmo no interior das fronteiras nacionais, e, desse modo, chamam atenção das gerações vivas e futuras se não para uma auto-obrigação de ampliar ativamente os direitos humanos universais, mas pelo menos para a peculiaridade do teor *normativo excedente*, que vai para além do caráter provisório de sua imposição *por enquanto* limitada territorialmente. O superávit moral deixa nos direitos fundamentais vigentes vestígios de um teor normativo ainda não resgatado, que revelam algo do caráter inquietante de uma norma *insaturada*. A "saturação" inconclusa atinge a dimensão *temporal* do *esgotamento* ainda pendente e a ser especificado do ponto de vista factual do teor indeterminado e excedente de direitos fundamentais estabelecidos em uma comunidade política, bem como a dimensão *espacial* de uma efetivação *mundial* dos direitos humanos, ainda pendente.

para a existência de uma comunidade democrática é que os cidadãos, na perspectiva dos participantes, se vejam envolvidos no processo de realização continuada dos direitos fundamentais *não esgotados*, mas já positivamente *válidos*.

Independentemente desses processos de longo prazo de uma realização de direitos fundamentais, estou interessado no *caso normal* das *idealizações* assumidas naturalmente que, em uma comunidade constituída democraticamente, estão associadas ao *status* de cidadãos livres e iguais, pois estes nem sequer poderiam *participar* de suas práticas de cidadania sem a *suposição* intuitiva (e contrafactual) de que os direitos civis praticados cumprem em geral o que prometem. O núcleo normativo da constituição democrática deve estar ancorado na consciência dos cidadãos, ou seja, nas convicções implícitas dos próprios cidadãos, especialmente do ponto de vista da estabilidade do sistema político. Não são os filósofos, mas os cidadãos e as cidadãs que, em sua grande maioria, precisam estar intuitivamente convencidos dos princípios da constituição. Por outro lado, também devem ser capazes de *confiar* que seus votos contam de maneira igual em eleições democráticas, que a legislação e a jurisprudência, as ações governamentais e administrativas procedem *grosso modo* de maneira correta, e que, via de regra, há uma possibilidade justa de revisão quando são tomadas decisões duvidosas. Mesmo que essas expectativas sejam *idealizações* que às vezes excedem mais e outras vezes menos a práxis real, elas criam fatos sociais ao se assentarem no julgamento e no comportamento dos cidadãos. O que é problemático nessas práticas não são os pressupostos idealizadores que elas exigem de seus participantes, mas a credibilidade das instituições que não de-

Uma nova mudança estrutural da esfera pública e a política deliberativa

vem negá-los publicamente e de maneira duradoura. O lamentável pedido de Trump dificilmente teria encontrado eco desejado na ira dos cidadãos que invadiram o Capitólio em 6 de janeiro de 2021, se as elites políticas não tivessem decepcionado as expectativas legítimas de uma parte significativa de seus cidadãos garantidas pela constituição por décadas. A teoria política, que é recortada para esse tipo de Estado constitucional, deve, portanto, ser construída de forma a fazer justiça a ambas as coisas: tanto ao peculiar *excedente idealizador* de uma ordem de direitos fundamentais moralmente substantiva, que dá aos cidadãos a consciência de serem participantes no exercício da dominação democraticamente legitimada, quanto aos pressupostos sociais e institucionais pelos quais as idealizações que os cidadãos vinculam necessariamente a suas práticas permanecem *críveis* por si só.

Uma teoria da democracia, portanto, não precisa se submeter à tarefa de formular os princípios de uma ordem política justa por si só, ou seja, *construí-los* e justificá-los para torná-los pedagogicamente presentes aos cidadãos; em outras palavras, não precisa se entender como teoria *projetada* normativamente. Em vez disso, sua tarefa consiste muito mais em *reconstruir racionalmente* tais princípios a partir do direito vigente e das respectivas expectativas intuitivas e das concepções de legitimidade dos cidadãos. Ela precisa explicitar o significado fundamental das ordens constitucionais historicamente *encontradas* e *comprovadas*, ou seja, explicitar as ordens constitucionais suficientemente estáveis e explicar as razões justificadoras que produzem, na consciência dos cidadãos, a força efetivamente legitimadora da dominação exercida faticamente e que, portanto, também podem garantir sua participação.[7] Essa teoria política, na medida em que *explicita* a consciência implícita da massa de cidadãos participantes da vida política, e, por sua vez, pode novamente *moldar* sua autocompreensão normativa, não é mais incomum do que o papel da história acadêmica contemporânea, que, por sua vez, tem uma influência performática na continuação dos eventos históricos que ela respectivamente representa. Isso não faz com que a teoria política seja de início uma pedagogia política. É por isso que, para mim, a política deliberativa não é um ideal elevado a partir do qual teríamos de medir a realidade desprezível, mas sim, nas sociedades pluralistas, um pré-requisito para a existência de qualquer democracia digna desse nome.[8] Pois quanto mais heterogêneas forem as situações sociais, as formas de vida culturais e os estilos de vida individuais de uma sociedade, tanto mais a falta de um consenso de fundo *existente a fortiori* precisará ser compensada pelo caráter comum da *formação* pública da opinião e da vontade.

As teorias clássicas ainda podiam se entender como projetos normativos para o estabelecimento de constituições democráticas dado que suas origens remontam às Revoluções Constitucionais do final do século XVIII. Porém, uma teoria política que hoje pode simplesmente tomar ciência de que com a ideia transcendente de Constituição democrática uma *tensão* entre a *validade* positiva das normas constitucionais coercitivas e a *realidade* constitucional penetra na *realidade das próprias* socieda-

---

7 Cf. Gaus, Rationale Rekonstruktion als Methode politischer Theorie zwischen Gesellschaftskritik und empirischer Politikwissenschaft, *Politische Vierteljahresschrift*, v.54, n.2, p.231-55, 2013.

8 Cf. Habermas, Interview, op. cit.

Uma nova mudança estrutural da esfera pública e a política deliberativa

des modernas e, em casos de dissonância drasticamente visível, até hoje pode desencadear uma dinâmica de protesto que mobiliza em massa, precisa tomar conhecimento de sua tarefa *re*construtiva. É claro que as tradições teóricas republicanas e liberais distorcem essa própria ideia ao dar prioridade de maneira *unilateral* seja à *soberania popular* ou à *dominação das leis*, perdendo assim o ponto da co-originariedade entre as liberdades subjetivas exercidas individualmente e a soberania popular exercida intersubjetivamente. Pois a ideia de cada uma dessas duas revoluções constitucionais é a fundação de uma associação *autodeterminante* de *parceiros de direito livres*, na qual estes, na condição de colegisladores democráticos, devem em última instância conceder sua liberdade a si próprios pela *distribuição igualitária dos direitos subjetivos segundo leis universais.* De acordo com essa ideia de uma autodeterminação coletiva, que combina o universalismo igualitário dos direitos iguais para todos com o individualismo de cada um, a *democracia* e o *Estado de Direito* estão em pé de igualdade. E apenas uma teoria do discurso que gira em torno da ideia de política deliberativa pode fazer jus a essa ideia.[9]

2

A abordagem da política deliberativa, que remonta ao imaginário dos primeiros liberais do liberalismo do período

---

9 Cf. Habermas, *Philosophische Texte*, op. cit. Veja também Habermas, Über den internen Zusammenhang von Rechtsstaat und Demokratie, em: ibid., v.4, p.140-53.

Vormärz,* mas desde então desenvolvida pelo Estado de bem-estar social, é recomendada sobretudo por explicar como compromissos políticos podem ser alcançados em sociedades pluralistas diante do pano de fundo de um consenso constitucional intuitivo em geral, sem uma religião ou visão de mundo comuns. Com a secularização do poder estatal, surgiu uma lacuna de legitimação. Dado que nas sociedades modernas o poder legitimador da crença na vocação divina das dinastias dominantes tornou-se insuficiente, o sistema democrático precisou se legitimar *a partir de si mesmo*, por assim dizer, e mais precisamente pela força *geradora* de legitimidade do *procedimento* legalmente institucionalizado de formação democrática da opinião. As ideias de legitimação religiosa não foram substituídas por outra ideia, mas pelo procedimento de autoempoderamento democrático, que, para poder ser exercido por cidadãos livres e iguais, é institucionalizado na forma de direitos subjetivos distribuídos de maneira igual. Essa concepção que do estabelecimento legal de um procedimento de formação democrática da vontade – ou seja, da pura "legalidade" – deva resultar a "legitimidade" de resultados universalmente *convincentes* é, à primeira vista, bastante misteriosa. Uma parte essencial da explicação é fornecida pela análise do significado que esse procedimento adquire do ponto de vista dos participantes; e, mais precisamente, sua força de convencimento se deve à combinação improvável de duas condições: por um lado, o

---

* *Vormärz* refere-se a uma época da história alemã que compreende os anos anteriores à Revolução de Março (1848), podendo ser compreendida em um sentido mais amplo, entre 1815 e 1848, em um sentido mais estrito, entre 1830 a 1848. O termo também é usado para descrever a literatura dessa época. (N.T.)

Uma nova mudança estrutural da esfera pública e a política deliberativa

procedimento requer a *inclusão de todos os concernidos* afetados por possíveis decisões como participantes em igualdade de direitos na formação política da vontade. E, por outro lado, torna as decisões democráticas, ou seja, as decisões tomadas em conjunto por todos os indivíduos, dependentes do caráter mais ou menos *discursivo* das *deliberações* que são anteriores a elas. Dessa forma, a formação inclusiva da *vontade* se torna dependente da *força das razões* mobilizadas durante o processo de uma formação prévia da *opinião*. A *inclusão* corresponde à exigência democrática pela participação igualitária de todos os concernidos na formação política da vontade, ao passo que o filtro da *deliberação* leva em conta a expectativa de que os problemas tenham soluções cognitivamente corretas e sustentáveis e *fundamenta* a *suposição* de resultados racionalmente aceitáveis. Essa suposição, por sua vez, pode ser justificada pelo *pressuposto* falseável de que, naquelas deliberações que preparam uma decisão majoritária, todos os temas relevantes, as informações necessárias e as soluções adequadas foram discutidos, na medida do possível, com argumentos pró e contra. E é essa *exigência de livre deliberação* que explica o *papel central da esfera pública política*.[10] Esta reflexão abstrata, aliás, encontra confirmação histórica no fato de que, primeiro na Inglaterra, depois nos Estados Unidos, na França e em outros países europeus, com a democracia liberal se formou, ao mesmo tempo, algo como uma "esfera pública burguesa".

---

10 Em Zum Verhältnis von Öffentlichkeit und Demokratie. Ein neuer Strukturwandel?, M. Seeliger e S. Seviganni especificam esse papel sob os pontos de vista da transparência dos assuntos públicos, a orientação universal dos cidadãos e a justificação recíproca de temas e contribuições. Veja Seeliger; Sevignani, op. cit., p.9-42, aqui p.29.

Contudo, esses dois requisitos do processo democrático, a deliberação e a inclusão de todos os cidadãos, só podem ser realizados de modo inicialmente aproximativo no plano das instituições estatais, sobretudo nas corporações representativas da legislação parlamentar. Isso explica a *contribuição essencial, porém limitada* que a *comunicação política na esfera pública* pode dar à totalidade do processo democrático. Ela faz uma contribuição *essencial* porque representa o único lugar para uma formação política da opinião e da vontade que é fundamentalmente inclusiva, que inclui *in corpore* todos os cidadãos e as cidadãs adultos e com direito a voto. E pode, por sua vez, motivar as decisões que os cidadãos devem tomar em comum, mas assumir como indivíduos e no isolamento da cabine de votação, ou seja, "de livre e espontânea vontade". Essas decisões eleitorais levam a um resultado que vincula todos os cidadãos na medida em que determinam a composição político-partidária dos parlamentos e, direta ou indiretamente, também definem o governo. Por outro lado, a contribuição da esfera pública política na formação democrática da opinião e da vontade é *limitada*, pois, em regra, nela não são tomadas decisões individuais coletivamente vinculantes (só em casos raros a estrutura transparente das decisões fundamentais permite tais plebiscitos). A formação de opinião controlada pela mídia de massa gera uma pluralidade de *opiniões públicas* em um público disperso de cidadãos. Essas opiniões, enfeixadas e perfiladas a partir de temas, contribuições e informações, concorrem respectivamente pela escolha e ponderação dos temas relevantes, dos objetivos políticos corretos e das melhores estratégias de resolução de problemas. Em nosso contexto, uma circunstância é de particular relevância: o peso que a vontade dos cidadãos, ou seja, o soberano, ganha nas de-

Uma nova mudança estrutural da esfera pública e a política deliberativa

cisões do sistema político como um todo depende, de maneira não insignificante, do *potencial de esclarecimento* que a contribuição da mídia de massa introduz nessa formação de opinião. Isso porque essa formação se alimenta do processamento jornalístico prévio dos temas e das contribuições, das propostas alternativas, das informações, das tomadas de posições a favor e contra, em suma, do *input* que se infiltra na esfera pública pelos canais de informação dos partidos políticos, dos grupos de interesse e das agências de relações públicas dos sistemas sociais funcionais, bem como a partir dos atores e intelectuais da sociedade civil. Por meio desse *pluralismo de opinião* mais ou menos *informado*, filtrado pelo sistema de mídia, cada cidadão e cada cidadã tem a oportunidade de formar sua *própria* opinião e, do seu ponto de vista, tomar uma *decisão eleitoral* que seja a mais *racionalmente motivada* possível. Contudo, a concorrência de opiniões e decisões dentro da esfera pública permanece aberta; aqui, a deliberação ainda está separada das decisões tomadas *sempre individualmente*, porque a própria esfera pública apenas prepara as eleições para os parlamentos. Somente seus membros eleitos podem deliberar e decidir *uns com os outros* de acordo com os procedimentos democráticos. Só nas corporações de representantes compostas de maneira representativa e nas demais instituições estatais, especialmente nos tribunais de modo formal, as regras do regimento interno estão circunscritas nesse formato deliberativo de formação da opinião e da vontade, o que fundamenta a suposição de decisões majoritárias mais ou menos aceitáveis do ponto de vista racional.

Para avaliar corretamente a *contribuição limitada* da esfera pública política, devemos olhar para a parte organizacional da Constituição e a estrutura da divisão de trabalho do sistema político *como um todo* e como entender um diagrama de fluxo. Então se reconhece como o fluxo democrático da formação da opinião e da vontade dos cidadãos se ramifica para além do limiar de suas decisões eleitorais e é canalizado pelos canais da política partidária, da legislação, da justiça, da administração e do governo – sitiados pelo *lobby* dos sistemas funcionais. Ele deságua nas decisões que surgem no âmbito das leis a partir de compromissos entre necessidades funcionais, interesses sociais e preferências eleitorais. Os resultados políticos legítimos são, então, outra vez avaliados e criticados na esfera pública política e, após o término de um período eleitoral, são transformados em novas preferências eleitorais. A suposição de que os discursos políticos também são *orientados ao objetivo* do consentimento é muitas vezes mal compreendido. Não implica de modo algum a ideia idealista do processo democrático como um seminário acadêmico pacífico. Pelo contrário, pode-se supor que a orientação à verdade por parte dos participantes razoáveis ou à correção de suas convicções fundamentadas inflama ainda mais os debates políticos e lhes dá fundamentalmente um *caráter agonístico*. Quem argumenta, contesta. Apenas pelo direito – na verdade, pelo encorajamento – de dizer não de maneira recíproca é que o potencial epistêmico de opiniões conflitantes se desenvolve no discurso, pois este se destina à autocorreção de participantes que não poderiam *aprender uns com os outros* sem críticas mútuas. É nisso que consiste a aposta da política deliberativa: que podemos melhorar nossas convicções em disputas políticas e nos *aproximar* da solução correta dos problemas. Na cacofonia de opiniões opostas desencadeadas na esfera pública só se pressupõe uma coisa: o consenso sobre os princípios da Constituição comum que legitima todas

Uma nova mudança estrutural da esfera pública e a política deliberativa

as outras disputas. Diante deste pano de fundo consensual, o processo democrático como um todo consiste em uma maré de dissensos, que é constantemente agitada pelos cidadãos na busca, orientada à verdade, por decisões racionalmente aceitáveis.

O caráter deliberativo da formação da opinião e da vontade é medido, *na esfera pública política*, pelo resultado da qualidade discursiva das contribuições, não pelo objetivo de um consenso que, aliás, é inatingível; pelo contrário, a orientação à verdade pelos participantes deve incentivar uma disputa aberta de opinião da qual emergem opiniões públicas *concorrentes*. Essa dinâmica de um dissenso *persistente* na esfera pública também caracteriza a concorrência entre os partidos e a disputa entre governo e oposição, bem como as diferenças de opinião dos especialistas; o estoque de argumentos mobilizado dessa forma pode, então, informar as decisões vinculantes a serem tomadas de acordo com o procedimento nos locais correspondentes do sistema político. A institucionalização da força anárquica desencadeada pelo dizer "não" em debates públicos e campanhas eleitorais, nas discussões dos partidos, nas negociações do parlamento e de suas comissões, nas deliberações do governo e dos tribunais, requer apenas a *integração política prévia* de todos os participantes no consenso sobre a intenção básica de sua Constituição. Isto é o suficiente: ela apenas explicita a simples vontade dos cidadãos de *obedecer exclusivamente às leis que eles mesmos se deram*. Sem tal consenso sobre o *significado* da autolegislação democrática realizada de maneira deliberativa as respectivas minorias não teriam motivos para se submeterem às decisões majoritárias por um período limitado de tempo. Contudo, não podemos esquecer o principal, que, em última análise, decide o destino de uma democracia: julgada desse ponto de vista normativo, a formação institucionalizada da vontade como um todo precisa realmente funcionar de forma tal que os cidadãos eleitores possam ver seu consenso constitucional periodicamente *comprovado pela experiência*. Dessa maneira, os resultados da ação governamental devem estar em uma ligação *reconhecível* com o *input* das decisões dos eleitores, de modo que os cidadãos possam ver neles a confirmação da força racionalizadora de sua própria formação democrática da opinião e da vontade.[11] Os cidadãos precisam ser capazes *de perceber* sua disputa tanto como uma disputa acirrada quanto uma disputa sobre as melhores razões.[12]

Mas as condições não são assim – nem mesmo nas democracias anglo-saxãs mais antigas. O eco positivo que a invasão do Capitólio encontrou entre os eleitores de Trump provavelmente também deve ser entendido como a manifestação expressiva dos eleitores que por décadas não foram mais capazes de reconhecer uma percepção politicamente importante e tangível de seus interesses negligenciados. A regressão política, na esteira da qual quase todas as democracias do Ocidente caíram desde o final do século passado, é medida pelo declínio dessa força racionalizadora das controvérsias públicas – que em alguns

---

11 Observada do ponto de vista normativo, a assim chamada legitimidade do *output* de uma ação governamental que agrada a vontade dos cidadãos não preenche as condições de uma ação democraticamente legítima, pois tais atividades estatais certamente coincidem com os interesses dos cidadãos, mas sem propriamente satisfazê-los no *desempenho de uma vontade democraticamente formada* dos cidadãos.

12 Cf. minha resenha do livro de Cristina Lafont, em: Habermas, Commentary on Cristina Lafont, *Democracy Without Shortcuts*, Journal of Deliberative Democracy, v.16, n.2, p.10-4, 2020.

Uma nova mudança estrutural da esfera pública e a política deliberativa

países já está quase seca. O fato de que a *força de resolução de problemas em uma democracia* depende do fluxo da política deliberativa põe em relevo o papel central da esfera pública política.

Porém, sem um contexto adequado os pressupostos da política deliberativa – que são essenciais para uma legitimação democrática da dominação – não encontram apoio em uma população da qual "deve emanar todo poder". A ação governamental, as decisões fundamentais dos tribunais superiores, a legislação parlamentar, a competição partidária e as eleições políticas livres precisam ter como base uma sociedade civil ativa, pois a esfera pública política está enraizada em uma sociedade civil que – como caixa de ressonância para as perturbações de importantes sistemas funcionais que precisam de reparação – estabelece as conexões comunicativas entre a política e seus "entornos" sociais. No entanto, a sociedade civil só pode assumir o papel de uma espécie de sistema de alerta antecipado para a política se produzir os atores que, na esfera pública, organizam a atenção dos cidadãos para os temas relevantes. Contudo, o grau funcionalmente exigido de engajamento cívico nas sociedades territoriais em larga escala das democracias modernas do Ocidente tem estado, desde o início, em uma relação tensa com as obrigações e interesses privados e pessoais, que os *cidadãos políticos* em seu papel de *cidadãos sociais* ao mesmo tempo querem e precisam manter. Esse conflito estrutural entre os papéis públicos e privados dos cidadãos também se reflete na própria esfera pública. Na Europa, a esfera pública burguesa em sua forma literária e política só gradualmente foi capaz de se libertar da sombra das formações mais antigas – sobretudo da esfera pública religiosa do regime da Igreja e da esfera pública representativa da dominação incorporada pessoalmente em imperadores, reis e príncipes – depois que foram preenchidos os pressupostos socioestruturais para uma *separação funcional entre Estado e sociedade*, entre as esferas públicas e esferas econômicas privadas. Vista da perspectiva do mundo da vida dos participantes, a sociedade civil de cidadãos politicamente ativos está, portanto, inerentemente presa nesse campo de tensão entre a esfera privada e a esfera pública. Veremos que a digitalização da comunicação pública deixa desvanecer a *percepção* dessa fronteira entre as esferas da vida privada e da vida pública, embora não tenham mudado os pressupostos socioestruturais para essa distinção, que também tem consequências no sistema do direito. Do ponto de vista dos espaços de comunicação meio privados e meio públicos em que se movem hoje em dia os usuários de mídia social, desaparece o caráter inclusivo de uma esfera pública até então *reconhecidamente* separada da esfera privada. O que pretendo mostrar é que do lado subjetivo dos usuários de mídia este é o fenômeno perturbador, que ao mesmo tempo chama a atenção para a regulação política insuficiente da nova mídia.

3

Antes de analisar as mudanças específicas na estrutura da mídia e chegar às hipóteses sobre seus efeitos sobre a função política da esfera pública, gostaria de inserir uma referência sobre as condições de contorno econômicas, sociais e culturais que precisam ser suficientemente preenchidas para uma política deliberativa. É somente diante do pano de fundo da complexidade das causas que explicam por que as democracias capitalistas são suscetíveis à crise que adquirimos o senso de

Uma nova mudança estrutural da esfera pública e a política deliberativa

proporção correto para a contribuição limitada que podemos atribuir à digitalização da comunicação pública entre as possíveis causas para uma restrição da formação deliberativa da opinião e da vontade.

Uma cidadania ativa requer, *em primeiro lugar*, uma *cultura política* amplamente *liberal*, que consiste de uma rede vulnerável de atitudes e fatos culturais óbvios [*kulturellen Selbstverständlichkeiten*]. Pois o acordo básico da população sobre os princípios constitucionais democráticos, que em grande parte permanece implícito, está incorporado em uma ampla rede de memórias históricas e de convicções tradicionais, práticas e orientações de valor; rede que é preservada de geração em geração graças ao padrão costumeiro de socialização política e ao padrão formalmente institucionalizado de educação política. O intervalo histórico de meio século que, por exemplo, exigiu a ressocialização política da população da (antiga) República Federal da Alemanha após o fim da ditadura nazista – a despeito dos 150 anos anteriores de desenvolvimento constitucional – é um indicador das dificuldades que em geral precisam ser superadas por qualquer aclimatação a uma cultura política liberal. O cerne moral dessa cultura é formado pela disposição dos cidadãos de reconhecer reciprocamente os outros como concidadãos e colegisladores democráticos em igualdade de direitos.[13] Isso começa com a percepção de estar disposto a firmar um compromisso com o adversário político, considerando-o um *oponente* que não se encontra mais na condição de *inimigo*, e prossegue, para além dos limites entre diferentes modos de vida

---

13 Cf. Forst, *Toleranz im Konflikt. Geschichte, Gehalt und Gegenwart eines umstrittenen Begriffs.*

étnicos, linguísticos e religiosos, com a *inclusão recíproca de* estranhos – que querem permanecer estranhos uns aos outros – em uma cultura política comum. É necessário que esta tenha se diferenciado da respectiva cultura majoritária a tal ponto que, em uma sociedade pluralista, todo cidadão possa se reconhecer na cultura política comum. O vínculo social de uma sociedade, por mais que tenha uma composição heterogênea, só não será rompido se a integração política garantir universalmente uma solidariedade cidadã que de modo algum requer um altruísmo incondicional, mas a disposição recíproca de ajudar limitada. É claro que esse tipo de responsabilidade pelo outro vai além da disposição de firmar um compromisso com base em interesses, mas entre os companheiros de uma mesma comunidade política só está associado à expectativa indefinida temporalmente de um equilíbrio recíproco de interesses que pode ser necessário em longo prazo – precisamente com a expectativa de que a outra pessoa em situação semelhante se sinta obrigada a prestar uma assistência semelhante.[14] Uma cultura política liberal não é nenhuma base radical para atitudes libertárias; ela requer uma orientação ao bem comum – ainda que exigida a um custo reduzido. Para que as decisões majoritárias possam ser aceitas pela minoria perdedora, nem todos os cidadãos podem tomar suas decisões de voto tendo *exclusivamente* em vista seu interesse próprio de curto prazo. Uma parcela suficiente dos cidadãos – e além disso *representativa* – deve estar disposta a assumir o papel de colegisladora democrática tendo *também* em vista o bem comum.

---

14 Sobre o conceito político de solidariedade, cf. Habermas, *Im Sog der Technokratie*, p.100-5.

Uma nova mudança estrutural da esfera pública e a política deliberativa

Uma *segunda condição* necessária para uma sociedade civil ativa é um grau de *igualdade social* que possibilite ao eleitorado participar de maneira espontânea e suficiente no processo democrático de formação da opinião e da vontade, o que não pode ser transformado em um dever. A arquitetônica do sistema de direitos fundamentais do Estado constitucional, que, por um lado, garante as *liberdades dos cidadãos sociais* mediante os direitos subjetivos privados (e com as pretensões do Estado de bem-estar) e, por outro, a *autonomia política dos cidadãos* com direitos subjetivos de participação e de comunicação pública, só se mostra plenamente a partir do sentido funcional do papel complementar que a *autonomia privada* e *a autonomia pública* dos cidadãos podem desempenhar *uma para a outra* independentemente de seus valores intrínsecos. Por um lado, os direitos políticos autorizam o cidadão a participar da legislação democrática que decide, entre outras coisas, sobre a distribuição de pretensões e direitos privados e, portanto, sobre a liberdade de ação para a aquisição do *status* de cidadão social; por outro lado, esse *status* social, por sua vez, cria os pressupostos sociais e as motivações para o uso que os cidadãos realmente fazem de seus direitos de cidadania. O vínculo estreito entre *status* social e participação nas eleições já foi comprovado muitas vezes. Mas essa expectativa de um incentivo recíproco entre a participação democrática e a preservação do *status* só funciona quando as eleições democráticas levam à correção das desigualdades sociais significativas e estruturalmente solidificadas. Estudos empíricos comprovam o círculo vicioso que vai se acumulando quando, a partir da resignação diante da falta de melhorias perceptíveis nas condições de vida, *se solidifica a abstenção eleitoral* nos segmentos da população de menor *status*. Em seguida, as partes outrora "responsáveis" pelos interesses desses estratos desfavorecidos tendem a negligenciar uma clientela da qual atualmente não têm votos a esperar; e essa tendência, por sua vez, reforça os motivos da abstenção.[15] Estamos agora observando não algo como uma inversão, mas muito mais uma interação irônica desse círculo vicioso na medida em que os movimentos populistas conseguem mobilizar o potencial desses não eleitores.[16] Então fica claro que esses grupos de não eleitores radicalizados não participam mais das eleições sob *os pressupostos* de uma eleição democrática, mas com o propósito de obstruí-la, como "oposição ao sistema".[17] Mesmo quando esse populismo dos "colocados à margem" [*Abgehängten*]

---

15 Cf. Schäfer, *Der Verlust politischer Gleichheit*.

16 Schäfer; Zürn, *Die demokratische Regression*.

17 No fenômeno do populismo de direita atual é possível ver como nas democracias mais ou menos estabelecidas o acentuado *desnível normativo* entre a ideia de política deliberativa, por um lado, e os fatos brutos da formação da opinião e da vontade, por outro lado, está ancorado na própria realidade social, *para além das intuições dos cidadãos*. As pesquisas empíricas sobre o comportamento eleitoral, o nível de informação e a consciência da população, sobre a propaganda eleitoral profissional dos partidos, sobre as relações públicas, as estratégias de campanha e assim por diante, nos passam, há muito tempo, uma imagem realista acerca da formação política da opinião e da vontade; mas em geral nem esses fatos e nem o conhecimento deles abalam, na população eleitoral ativa e passiva, a suposição de que a "vontade dos eleitores", quer se concorde ou não com o próprio resultado, é devidamente respeitada e define o rumo para as políticas futuras. Contudo, como mostra o discurso dos "partidos do sistema", tais suposições normativas *indulgentes* podem se converter em seu contrário quando são abaladas profundamente em uma população mais ampla. Quando isso acontece, "nós" somos o povo que sabe o que é verdadeiro e falso, e não há mais argumentos que possam formar pontes com os "outros".

Uma nova mudança estrutural da esfera pública e a política deliberativa

não possa ser explicado exclusivamente pela crescente desigualdade social – pois outros estratos também se sentem "deixados para trás", sobrecarregados pela necessária adaptação às mudanças tecnológicas e sociais aceleradas –, nele se manifesta, em todo caso, uma desintegração social crítica e a falta de uma política compensatória bem-sucedida.

Por fim, isso chama a atenção para a precária relação entre o *Estado democrático* e uma *economia capitalista* que tende a reforçar as desigualdades sociais. O equilíbrio – nos termos do Estado social – dos imperativos funcionais opostos é (nesse nível de abstração) a *terceira condição para o sucesso* de um regime que mereça ser chamado de democrático. É só do ponto de vista da economia política que se explicita a conexão sistemática entre o sistema político e a sociedade; e foi a partir dessa perspectiva que acompanhei, à época, a mudança estrutural da esfera pública.[18] Contudo, para o Estado, uma cultura política liberal é muito mais uma condição marginal a ser mais ou menos preenchida do que algo que ele próprio pudesse influenciar com meios administrativos em seu desenvolvimento. A situação é diferente com a estratificação social da sociedade e o grau de desigualdade social existente. De qualquer forma, a modernização capitalista automática cria uma necessidade de regulação estatal a fim de domar as forças centrífugas da desintegração social. Os Estados de bem-estar social que surgiram no Ocidente no âmbito das constituições democráticas dos Estados nacionais durante a segunda metade do século XX precisam

---

18 Cf. Staab; Thiel, Privatisierung ohne Privatismus. Strukturwandel der Öffentlichkeit und soziale Medien, em: Seeliger; Sevignani, op. cit., p.277-97.

adotar essa compensação política em condições de legitimação cada vez mais exigentes. Como mostrou Claus Offe, para evitar as crises de integração social os Estados sociais buscam satisfazer duas pretensões contrárias: por um lado, precisam assegurar condições suficientes para uma valorização do capital a fim de gerar receitas fiscais; por outro lado, do ponto de vista da justiça política e social, precisam satisfazer o interesse de amplas camadas sociais nas condições jurídicas e materiais para o exercício de sua autonomia privada e pública – em caso contrário, perdem sua legitimação democrática. Contudo, entre esses dois imperativos, as democracias capitalistas só conseguem encontrar um caminho para evitar as crises se tiverem uma capacidade de controle suficiente. Em outras palavras: o escopo da política de intervenção precisa coincidir com a expansão dos ciclos econômicos relevantes para garantir a prosperidade nacional. Evidentemente, essa condição só foi cumprida de forma temporária nas democracias do Ocidente, mais especificamente até a desregulamentação mundial dos mercados e a globalização dos mercados financeiros, que, por sua vez, desde então controlam as políticas fiscais dos Estados.

Se tomarmos como base esses pontos de vista sistemáticos – esboçados de modo rudimentar – de uma descrição histórica das esferas públicas nacionais, veríamos como é difícil chegar a generalizações sustentáveis sobre as condições de contorno, dadas em diferentes períodos históricos, para a capacidade funcional dessas esferas públicas. Particularidades nacionais se sobrepõem às tendências gerais acerca do capitalismo organizado pelo Estado-nacional que determinaram o desenvolvimento democrático do pós-guerra no Ocidente até a revolução neoliberal. Embora nesse período o desenvolvimento do Estado de bem-estar te-

Uma nova mudança estrutural da esfera pública e a política deliberativa

nha fortalecido o assentimento da população à democracia, no decorrer do desenvolvimento de uma sociedade de consumo também já foram se delineando as tendências privatistas para a despolitização (cujos primórdios talvez eu tenha exagerado na época da *Mudança estrutural* – no clima do período Adenauer, que fora percebido como autoritário). Desde a mudança política neoliberal, no entanto, as democracias ocidentais entraram em uma fase de crescente desestabilização interna. Isso está agora sendo exacerbado pelos desafios da crise climática e pela crescente pressão migratória, bem como pela percepção de ascensão da China e outros "países emergentes" que resulta em mudanças na situação econômica e política mundial. Internamente, a desigualdade social aumentou à medida que o espaço de ação dos Estados nacionais foi sendo limitado pelos imperativos de mercados globalmente desregulamentados. Ao mesmo tempo, nas subculturas afetadas aumentaram os temores de declínio social e de uma complexidade descontrolada das mudanças sociais aceleradas.

Independentemente da nova situação política mundial causada pela pandemia, aquelas circunstâncias sugerem, particularmente para os Estados nacionais associados à União Europeia, a perspectiva de uma integração mais forte, ou seja, a tentativa de recuperar as competências que perderam no âmbito nacional no decorrer desse desenvolvimento, criando novas capacidades de ação política no âmbito transnacional.[19] Porém, não há muito que esperar da descrição realista das abordagens institucionais sobre a governança global, que antes fortaleceram em vez de reduzir

---

19 Cf. Habermas, *Zur Verfassung Europas*.

as assimetrias de poder internacional.[20] Em particular, a hesitação da União Europeia diante de seus problemas atuais levanta a questão de como os Estados nacionais podem se unir para formar um regime democrático no âmbito transnacional que, sem ele próprio assumir um caráter de Estado, disponha, no entanto, de capacidades de ação globais. Isso também exigiria uma maior *abertura* das esferas públicas nacionais *entre si*. Mas tanto as divisões dentro da União Europeia quanto o hesitante Brexit – que, por fim, acabou se concretizando – mostram um esgotamento dos regimes democráticos existentes, e talvez até indiquem que a política mundial das grandes potências poderia se tornar um novo tipo de imperialismo. Por enquanto, não sabemos como as consequências econômicas nacionais e globais da sociedade mundial atingida por uma pandemia serão percebidas e processadas pelas elites políticas capazes de agir em nossos países. Por enquanto, nada fala muito a favor de uma desejável mudança política em direção a uma agenda socioecológica voltada para uma maior integração do núcleo europeu.

4

O sistema de mídia tem uma importância decisiva para a esfera pública política desempenhar seu papel de gerar *opiniões públicas concorrentes* que atendam os critérios da política deliberativa. Pois a qualidade deliberativa dessas opiniões depende de elas satisfazerem certos requisitos funcionais no processo de seu surgimento, tanto do lado do *input* quanto do lado do *throughput*

---

20 Cf. Zürn, Öffentlichkeit und Global Governance, em: Seeliger; Sevignani (orgs.), op. cit., p.160-87.

Uma nova mudança estrutural da esfera pública e a política deliberativa

e *output*. As opiniões públicas só são *relevantes* se os produtores de opinião oriundos das fileiras da política, bem como os representantes dos interesses e as agências de relações públicas dos sistemas funcionais da sociedade e, finalmente, os diversos atores da sociedade civil forem *suficientemente responsivos* para *descobrir* os problemas que precisam ser regulados e, em seguida, fornecerem o *input* correto. E as opiniões públicas só serão *efetivas* se os respectivos temas e contribuições dos produtores de opinião vierem à luz na esfera pública e, do lado do *output*, atraírem a atenção da população ampla com direito a voto. Nosso interesse está voltado principalmente ao sistema de mídia responsável pelo *throughput*. Embora para os atores da sociedade civil os *encontros face-to-face no cotidiano* e *em eventos públicos* sejam os dois *âmbitos imediatos da esfera pública* dos quais emanam suas próprias iniciativas, é só a *comunicação pública* guiada pela mídia de massa que forma o âmbito em que os ruídos comunicativos podem ser condensados em opiniões públicas relevantes e eficazes. Nosso tema é a questão de como a digitalização mudou o sistema de mídia que orienta essa comunicação de massa. O sistema de mídia, altamente complexo do ponto de vista técnico e organizacional, requer uma equipe profissionalizada que desempenhe o *papel de gatekeepers* (como se diz agora) dos fluxos de comunicação a partir dos quais os cidadãos condensam as opiniões públicas. A equipe é composta por jornalistas que trabalham para as agências de notícias, a mídia e as editoras, ou seja, profissionais que desempenham funções autorais, de edição, de revisão e de gerência na mídia e no empreendimento literário. Essas pessoas gerenciam o *throughput* e, juntamente com as empresas que organizam a tecnologia de produção e a organização da distribuição, formam a *infraestrutura da esfera pública*, que acaba decidindo sobre os dois parâmetros decisivos da comunicação pública – o *alcance* e a *qualidade* deliberativa da oferta. Saber quão efetivamente *inclusiva* é a recepção das opiniões *publicadas*, quão *intensas* e o tempo que levam para ser recebidas – do lado do *output* – por leitores e ouvintes e ser *transformadas* em opiniões públicas eficazes nos dois âmbitos imediatos da esfera pública política, mencionadas acima, e, por fim, ser convertidas em dividendos a ser pagos na forma de resultados eleitorais no sistema político, tudo isso depende, em última análise, dos usuários de mídia, mais precisamente de sua atenção e de seu interesse, do tempo disponível, da sua formação educacional etc.

Desde o início do novo século, a influência da mídia digital em uma renovada mudança estrutural na esfera pública política pode ser vista na extensão e no tipo de *uso da mídia*. Se essa mudança também afeta a *qualidade deliberativa* do debate público é uma questão em aberto. Como mostram as pesquisas relevantes sobre ciência da comunicação, ciência política e sociologia das eleições – especialmente os estudos sobre a participação dos eleitores e *public ignorance* –, os valores para essas duas dimensões da comunicação pública já eram pouco satisfatórios; mas eram valores para situações democráticas aquém dos fenômenos de crise que ameaçam a estabilidade. Hoje, os sinais de regressão política são visíveis a olho nu. Se e até que ponto o estado da esfera pública política também contribui para isso teria que ser demonstrado pelo *caráter inclusivo* da formação da opinião pública e pela *racionalidade* das opiniões perfiladas na esfera pública. Obviamente, o registro empírico dessas duas variáveis é muito difícil. Embora os dados sobre o uso da mídia estejam disponíveis, é difícil operacionalizar uma medida

Uma nova mudança estrutural da esfera pública e a política deliberativa

teórica como "qualidade deliberativa", tanto para a formação da opinião regulamentada por procedimentos jurídicos em corporações específicas, como comissões, parlamentos ou tribunais,[21] quanto – nesse caso, ainda mais difícil – para os processos de comunicação não regulamentados nas esferas públicas nacionais de grande escala. Não obstante, os dados para uma comparação de longo prazo do uso da mídia podem fornecer uma base para tirar conclusões sobre o nível de reflexão da opinião pública a partir de uma avaliação independente da qualidade dos *serviços* de mídia utilizados. Antes de prosseguir com essa questão, precisamos, evidentemente, ter clareza sobre o caráter revolucionário da nova mídia. Pois não se trata apenas de uma ampliação dos serviços de mídia existentes, mas de uma ruptura no desenvolvimento da mídia na história humana, comparável à introdução do livro impresso.

Após o primeiro impulso evolutivo em direção à escrita da palavra falada, com a introdução da prensa mecânica no início do período moderno os caracteres alfabéticos se desprenderam do pergaminho escrito à mão; de forma similar, com a digitalização eletrônica, os caracteres binários em algumas poucas décadas substituíram o papel escrito. No curso dessa outra inovação igualmente importante, os fluxos de comunicação de nossas espécies loquazes se espalharam, aceleraram e conectaram com uma velocidade sem precedentes em todo o mundo e, retrospectivamente, em todas as épocas da história mundial. Com essa dissolução global dos limites no espaço e no tempo, simultaneamente *se condensaram*, se *desdiferenciaram* e *multiplicaram* de acordo com suas funções e conteúdos, e *se univer-*

---

21 Steiner; Bächtiger; Spörndli; Steenbergen, *Deliberative Politics in Action.*

salizaram para além dos limites culturais e específicos de classe. A ideia inovadora que iniciou essa terceira revolução nas tecnologias de comunicação foi a rede mundial de computadores, pela qual qualquer pessoa de qualquer lugar poderia agora se comunicar com qualquer um em qualquer outro lugar do mundo – primeiro foram os cientistas que usaram a nova tecnologia. Em 1991, a *National Science Foundation* dos Estados Unidos tomou a decisão de liberar essa invenção para uso privado, isto é, também para o uso comercial. Esse foi o passo decisivo para dois anos depois se estabelecer a *World Wide Web*. Isso criou a base técnica para a conclusão lógica de um desenvolvimento tecnológico da comunicação que, no curso da história humana, foi superando gradualmente a limitação original da comunicação linguística às conversas entre os presentes e à comunicação oral em grande distância. Essa inovação abre progressos inequívocos para muitas áreas da vida e de domínios funcionais. Mas, para a esfera pública democrática, a dissolução centrífuga dos limites da comunicação ao mesmo tempo acelerada entre qualquer número de participantes a qualquer distância desenvolve uma força explosiva ambivalente; pois a esfera pública democrática, com sua orientação para o centro das organizações estatais capazes de agir, ainda continua por enquanto circunscrita aos territórios dos Estados nacionais.[22] Sem dúvida

---

22 A dissolução global dos limites das correntes de comunicação aceleradas e multidimensionais motivou Claudia Ritzi a usar o "conceito de 'universo'" – em vez da imagem centro e periferia – como metáfora para descrever a esfera pública política contemporânea. Esse conceito abre a consciência para o caráter não limitado do espaço público contemporâneo. Cf. Ritzi, Liberation im Öffentlichkeitsuniversum, em Seeliger; Sevignani (orgs.), op. cit., p.298-319.

Uma nova mudança estrutural da esfera pública e a política deliberativa

que a dissolução dos limites e a aceleração das possibilidades de comunicação, bem como a expansão dos eventos discutidos publicamente, também são benéficas para o cidadão político. Mesmo no cenário nacional, o mundo ficou menor. Não se altera nada no conteúdo dos produtos de imprensa, e nem nos programas de rádio e televisão quando são recebidos via *smartphones*. E, quando filmes são produzidos para serviços de *streaming*, como Netflix, isso pode levar a mudanças interessantes do ponto de vista da obra estética; mas a recepção modificada e o lamentável esgotamento das salas de cinema foram iniciados há muito tempo pela concorrência da televisão. Além de suas vantagens óbvias, a nova tecnologia também tem, por outro lado, efeitos altamente ambivalentes e possivelmente disruptivos na esfera pública política no âmbito nacional. Isso se deve à maneira e à forma como os usuários da nova mídia usam a oferta de possibilidades ilimitadas de vinculação, ou seja, das "plataformas" para possíveis comunicações com quaisquer destinatários.

Para a estrutura de mídia da esfera pública, esse formato de plataforma é o que é propriamente novo na nova mídia. Por um lado, elas se livram daquele papel produtivo da mediação jornalística e da configuração de programas exercido pela velha mídia; nesse sentido, a nova mídia não é "mídia" no sentido usado até então. Ela muda radicalmente o padrão de comunicação que até agora havia prevalecido na esfera pública. Porque, em princípio, a nova mídia *capacita* todos os potenciais usuários a serem autores independentes e com igualdade de direitos. A "nova" mídia difere da mídia tradicional na medida em que as empresas digitais usam essa tecnologia para oferecer aos potenciais usuários possibilidades ilimitadas de rede digital como se fossem quadros em branco para apresentarem seu próprio conteúdo comunicativo. Diferentemente das agências de notícias tradicionais ou dos editores, como imprensa, rádio ou televisão, a nova mídia não é responsável por seus próprios "programas", ou seja, pelo conteúdo comunicativo produzido de maneira profissional e filtrado por uma redação. Ela não produz, não edita e não delega; porém, ao estabelecer como mediadores "não responsáveis" novas conexões na rede global e, com a multiplicação contingente e a aceleração de contatos surpreendentes, iniciar e intensificar discursos imprevisíveis em termos de conteúdo, a nova mídia muda profundamente o caráter da comunicação pública.

As transmissões de programas televisivos estabelecem uma ligação linear e unilateral entre um emissor e muitos potenciais receptores; ambos os lados se encontram em diferentes papéis, ou seja, por um lado, como produtores, editores e autores publicamente identificáveis ou conhecidos pela responsabilidade por suas publicações e, por outro lado, como um público anônimo de leitores, ouvintes ou espectadores. Em contraste, as plataformas estabelecem uma conexão comunicativa multifacetada para a troca espontânea de possíveis conteúdos entre potencialmente muitos usuários. Estes não diferem uns dos outros em seus papéis por causa do *medium*; em vez disso, se encontram como participantes em princípio iguais e autorresponsáveis na troca comunicativa sobre temas escolhidos de maneira espontânea. Em contraste com a relação assimétrica entre emissores de programas e receptores, o vínculo descentralizado entre esses usuários de mídia é basicamente recíproco, mas, devido à falta de comportas profissionais, *não é regulamentado em termos de conteúdo*. O caráter igualitário e não regulamentado das relações entre as partes e a autorização simétrica dos usuários para darem

Uma nova mudança estrutural da esfera pública e a política deliberativa

suas próprias contribuições espontâneas formam o padrão de comunicação que originalmente deveria caracterizar a nova mídia. Essa grande promessa emancipatória é hoje abafada, pelo menos parcialmente, pelos ruídos selvagens em câmaras de eco fragmentadas e que giram em torno de si mesmas.

O novo padrão de comunicação resultou em dois efeitos notáveis para a mudança estrutural da esfera pública. No início, parecia que com o formato da nova mídia finalmente estava sendo cumprida a pretensão igualitária e universalista da esfera pública burguesa de incluir todos os cidadãos em igualdade de direitos. Essa mídia daria a todos os cidadãos uma voz própria publicamente perceptível, e inclusive daria a essa voz uma força mobilizadora. A nova mídia libertaria os usuários do papel receptivo de destinatários que escolhem entre um número limitado de programas e daria a cada indivíduo a chance de ser ouvido na troca anárquica de opiniões espontâneas. Mas a lava desse potencial simultaneamente antiautoritário e igualitário, que ainda poderia ser sentido no espírito empreendedor californiano dos primeiros anos, logo se petrificou na careta libertária das corporações digitais do Vale do Silício que dominam o mundo. E o potencial organizacional mundial oferecido pela nova mídia serve tanto às redes radicais de direita quanto às corajosas mulheres bielorrussas em seu persistente protesto contra Lukashenko. O autoempoderamento dos usuários de mídia é um efeito; o outro é o preço a ser pago por serem liberados da tutela editorial da mídia antiga enquanto não tiverem aprendido o suficiente para lidar com a nova mídia. Assim como a impressão do livro transformou todos em potenciais leitores, a digitalização hoje transforma todos em potenciais autores. Mas quanto tempo levou para todos aprenderem a ler?

As plataformas não fornecem aos seus usuários emancipados um substituto para a seleção profissional e o exame discursivo do conteúdo com base em padrões cognitivos geralmente aceitos. É por isso que hoje estamos falando da corrosão do modelo de *gatekeeper* da mídia de massa.[23] Esse modelo não implica de forma alguma a incapacitação do usuário de mídia; ele descreve apenas uma forma de comunicação que pode capacitar os cidadãos a adquirirem os conhecimentos e as informações que são necessários para que cada um e cada uma possa formar seu próprio juízo sobre problemas que requerem regulação política. Uma percepção politicamente adequada do papel do autor, que não é o mesmo que o papel dos consumidores, tende a aumentar a conscientização sobre os déficits no nível de conhecimento próprio. O papel do autor também precisa ser aprendido; e enquanto isto estiver faltando na troca política na mídia social, fica por enquanto prejudicada a qualidade dos discursos desinibidos, protegidos contra as opiniões dissonantes e das críticas. É da *fragmentação* da esfera pública, associada ao mesmo tempo a uma esfera pública *sem limites*, que surge primeiramente a ameaça para a formação da opinião política e da vontade na comunidade política. As redes de comunicação sem fronteiras que se formam espontaneamente em torno de certos tópicos ou pessoas podem se espalhar de maneira centrífuga e, ao mesmo tempo, condensar-se em circuitos de comunicação que se isolam dogmaticamente *uns dos outros*. Com isso, as tendências de dissolução dos limites e a fragmentação reforçam-se reciprocamente em uma dinâmica que age contra

---

23 Cf. Sevignani, Ideologische Öffentlichkeit im digitalen Strukturwandel, em Seeliger; Sevignani (orgs.), op. cit., p.43-67.

Uma nova mudança estrutural da esfera pública e a política deliberativa

a força integrativa do contexto de comunicação das esferas públicas centradas nos Estados nacionais, instituídas pela imprensa, rádio e televisão. Antes de entrar em mais detalhes nessa dinâmica, gostaria de registrar como a parte da mídia social se desenvolveu na oferta total de mídia.

5

Os efeitos que a introdução da internet e especialmente da mídia social produziram na formação de opinião e da vontade na esfera pública política não são fáceis de circunscrever em termos empíricos. No entanto, os resultados do estudo de longo prazo das redes de televisão ARD/ZDF sobre uso da mídia para o período de 1964 a 2020 na República Federal da Alemanha permitem alguns enunciados gerais sobre as mudanças na oferta e no uso da mídia.[24] A *oferta* se expandiu consideravelmente, primeiro como resultado da introdução da televisão privada, depois sobretudo como resultado da ampla gama de opções *on--line*. Isso não é válido só para o âmbito nacional; a rede também fornece acesso a um grande número de programas de imprensa, rádio e televisão "estrangeiros". Interessados de todo o mundo puderam acompanhar a invasão do Capitólio ao vivo pela CNN. Assim, o tempo gasto no consumo diário da mídia explodiu. O tempo de uso de todos os tipos de mídia disparou desde

---

24 No que se segue, me apoio em uma correspondência – bem como em sua proposta de interpretação – com Jürgen Gerhards, que me indicou os resultados do estudo de longo prazo da ARD/ZDF sobre a comunicação de massa no período 1964-2020. O barômetro europeu de outono de 2019 também produziu dados que permitem conclusões mais amplas.

2000, mas atingiu o pico em 2005; a partir de então se nivelou em um limite de saturação de espantosas oito horas por dia. Com isso, ao longo das décadas, as quotas de participação dos vários tipos de mídia mudaram. Desde 1970, o uso do — em sua época — novo *medium* de televisão superou o da mídia tradicional dos jornais e rádios diários. Contudo, mesmo com a competição *on-line*, claramente notável desde o ano 2000, a televisão e o rádio continuam a manter o maior alcance. O consumo de livros também permaneceu razoavelmente estável entre 1980 e 2015, com oscilações. Em nosso contexto, deve-se ressaltar que desde a introdução da televisão o alcance dos jornais diários diminuiu continuamente, de 69% em 1964 para 33% em 2015. O decréscimo a partir da introdução da nova mídia se reflete no declínio dramático do alcance de jornais e revistas impressos, de 60% em 2005 para 22% em 2020. Essa tendência continuará em ritmo acelerado, já que 40% das pessoas na faixa etária de 14 a 29 anos ainda liam jornais ou revistas impressos em 2005, ao passo que, em comparação com 2020, só 6% na mesma faixa etária. Ao mesmo tempo, a intensidade da leitura diminuiu: em 1980, entre os leitores como um todo a leitura diária de jornais levava em média 38 minutos por dia (e 11 minutos para revistas), ao passo que, em 2015, a duração do uso caiu para 23 minutos (ou 11 minutos para revistas) e, em 2020, 15 minutos (para jornais e revistas combinados). É claro que o consumo de jornais também se deslocou para a internet; mas, independentemente do fato de que a leitura de textos impressos e de textos digitalizados provavelmente não requer a mesma quantidade de atenção intensiva e de processamento analítico, a oferta de jornais diários não consegue ser totalmente compensada pelas ofertas alternativas de informações on-line (por exemplo, *pod-*

Uma nova mudança estrutural da esfera pública e a política deliberativa

casts ou portais de notícias). Indicador disso é o tempo de uso diário dos textos de leitura digital no conjunto da população – 18 minutos no total, sendo 6 minutos para jornais e revistas.

O Eurobarômetro, que foi coletado pela última vez no final de 2019 e representa as populações dos 28 países da União Europeia, confirma a magnitude atual da disponibilidade e do uso dos vários meios de comunicação: 81% dos entrevistados usam televisão todos os dias, 67% a Internet em geral, 47% a mídia social, 46% o rádio e 26% a imprensa – enquanto a proporção de leitores diários de jornais em 2010 ainda era de 38%. O Eurobarômetro pesquisa o uso diário da mídia social separadamente da internet em geral, e essa proporção aumentou de maneira surpreendentemente rápida, de 18% de todos os entrevistados em 2010 para 48% hoje. Curiosamente, a televisão e, em menor grau, o rádio ainda mantêm seu papel principal na demanda por "informações políticas sobre assuntos nacionais". Dos entrevistados, 77% citam a televisão, 40% o rádio e 36% a mídia impressa como suas "principais fontes de informação", enquanto 49% citam a internet em geral e 20% a mídia social. O fato interessante para nosso contexto é que esse último valor já subiu mais quatro pontos em relação à pesquisa do ano anterior, o que confirma uma tendência crescente, que também é documentada em outros lugares. De qualquer forma, a drástica queda no consumo de jornais e revistas cotidianas também é um indicador de que, desde a introdução da internet, vem diminuindo a atenção média às notícias políticas e ao processamento analítico de questões politicamente relevantes. No entanto, o nível relativamente estável da participação da televisão e do rádio no consumo da mídia em geral sugere que esses dois meios de comunicação continuam fornecendo, até o momento, informações políticas confiáveis e suficientemente diversificadas para pelo menos três quartos do eleitorado dos Estados-membros da União Europeia.

Ainda mais notável é outra tendência. Obviamente, a crescente infiltração de *fake news* na esfera pública política, especialmente a espetacular evolução para uma *post-truth-democracy* [democracia da pós-verdade], que durante o governo Trump se tornou uma normalidade assustadora nos Estados Unidos, também aumentou a desconfiança na mídia na Europa. Dos entrevistados pelo Eurobarômetro, 41% duvidam que a mídia nacional informe de maneira livre, sem pressões políticas e econômicas; 39% afirmam explicitamente essa desconfiança diante da mídia do serviço público-estatal, que hoje forma a espinha dorsal de uma esfera pública liberal; e inclusive 79% afirmam ter encontrado notícias distorcidas ou falsas.

Esses dados fornecem informações sobre as mudanças quantitativas na oferta de mídia e no seu uso; porém, fornecem apenas indicadores indiretos sobre a qualidade das opiniões públicas nela formadas e sobre o grau de inclusão dos cidadãos no processo de formação da opinião e da vontade. Por isso, preciso me limitar a conjecturas informadas. Por um lado, a perda dramática da importância da mídia impressa em relação à mídia audiovisual dominante parece indicar uma diminuição no nível de procura pela oferta, e consequentemente também indica que têm diminuído bastante a receptividade dos cidadãos e o processamento intelectual de notícias e problemas politicamente relevantes. Aliás, isso é confirmado pela adaptação dos jornais diários e semanais, que lideram politicamente, ao formato "colorido" dos jornais dominicais voltados ao entretenimento. Por outro lado, as evidências diárias mostram ao

Uma nova mudança estrutural da esfera pública e a política deliberativa

observador participante que os jornais e as revistas nacionais mais exigentes continuam sendo os principais meios de comunicação política e que continuam ditando para os demais meios de comunicação, especialmente a televisão, as contribuições e tomadas de posição refletidas sobre os temas relevantes. Contudo, a desconfiança acerca da verdade, da seriedade e da integridade dos programas está crescendo em meio à população em geral, embora a mídia organizada em termos público--estatais, como se pode supor, continue a fornecer uma oferta confiável de notícias e programas políticos. A crescente dúvida sobre a qualidade da mídia público-estatal é provavelmente acompanhada pela crescente convicção do caráter não confiável ou corrupto, ou pelo menos duvidoso, da classe política. Esse quadro geral sugere que, com a diversidade da mídia, do lado da oferta, e um correspondente pluralismo de opiniões, argumentos e perspectivas de vida, do lado da demanda, são preenchidos pré-requisitos importantes para a formação, em longo prazo, de opiniões críticas e imunes ao preconceito; porém, são precisamente a crescente dissonância de vozes diversas e a complexidade substantiva dos temas e das tomadas de posição desafiadoras que levam uma minoria crescente de consumidores de mídia a usar as plataformas digitais para recuar em câmaras de eco protegidas, compostas de pessoas que pensam da mesma maneira. Pois as plataformas digitais não apenas convidam à criação espontânea de mundos próprios confirmados de maneira intersubjetiva, como também, ao mesmo tempo, parecem dar à obstinação dessas ilhas de comunicação o posto epistêmico *de esferas públicas concorrentes*. Mas, antes de podermos avaliar esse lado subjetivo das atitudes dos destinatários alteradas pela oferta da mídia, devemos olhar para a dinâmica econômica que distorce cada vez mais a percepção subjetiva da esfera pública editada. Pois os traços idiossincráticos desses modos de recepção promovidos pela mídia social não devem distorcer a ancoragem econômica da transformação da estrutura midiática esboçada em linhas gerais e, por enquanto, largamente não regulamentada do ponto de vista político.

6

Descrever – em comparação com toda a outra mídia – as plataformas como "serviços de mídia para a ligação em rede de conteúdos comunicativos em qualquer alcance" como uma atividade neutra de plataformas controladas por algoritmos – como existem na forma de Facebook, YouTube, Instagram ou Twitter –, se não é algo ingênuo, é pelo menos bem incompleto. Pois essa nova mídia real é formada por empresas que obedecem aos imperativos de valorização do capital e estão entre as corporações "mais valiosas" em todo o mundo em termos de seu valor de mercado. Elas devem seus lucros à exploração de dados que colocam à disposição para fins publicitários ou como mercadorias, em outro lugar. Esses dados consistem em informações que resultam como subprodutos de seus serviços orientados ao usuário; são os dados pessoais que seus clientes deixam na rede (para os quais se exige, nesse ínterim, o consentimento formal). Os jornais também são geralmente empresas privadas que se financiam em grande parte por meio de receitas publicitárias. Porém, no caso da mídia antiga, ela própria é a responsável pela propaganda, ao passo que aquele tipo de criação de valor que deu ensejo à crítica do "capitalismo de

Uma nova mudança estrutural da esfera pública e a política deliberativa

vigilância"[25] se alimenta de informações comercialmente exploráveis que "ficam atreladas" casualmente a outros serviços e que, por sua vez, possibilitam estratégias publicitárias individualizadas.[26] Nesse caminho controlado por algoritmos, a mídia social também promove um impulso adicional para a mercantilização dos contextos do mundo da vida.

O que me interessa, todavia, é outro aspecto, a saber, a pressão que a lógica de valorização da nova mídia exerce sobre a mídia antiga para que ela se adapte. A mídia antiga consegue funcionar como mídia publicitária apenas na medida em que é bem-sucedida com seus "programas", ou seja, com seu conteúdo, que, no entanto, de saída obedece a uma lógica completamente diferente – ou seja, a demanda por textos e transmissões cuja forma e conteúdo devem atender a padrões cognitivos, normativos ou estéticos. O fato de os leitores julgarem o desempenho jornalístico de acordo com tais padrões epistêmicos no sentido amplo fica imediatamente evidente quando se tem em vista – do ponto de vista filosófico da análise do mundo da vida – a importância da função de orientação desempenhada pela mídia em uma "sociedade midiática" cada vez mais obscura. Diante da complexidade social, a mídia é aquela instância de mediação que, na diversidade de perspectivas de situações de vida social e formas culturais de vida, extrai um núcleo de interpretação intersubjetivamente compartilhado entre as visões de mundo concorrentes e assegura que seja *aceito racionalmente* de modo geral. É claro que o jornal diário ou sema-

---

25 Cf. Zuboff, *Das Zeitalter des Überwachungskapitalismus*.

26 Cf. Fuchs, Soziale Medien und Öffentlichkeit, em id., *Das digitale Kapital. Zur Kritik der politischen Ökonomie des 21 Jahrhunderts*, p.235-72.

nal, com sua clássica divisão tripartite de conteúdo em política, economia e caderno cultural, nunca é a *última* instância quando se trata da verdade ou da correção de enunciados individuais ou de interpretações autorizadas de um contexto de fatos, da plausibilidade de avaliações gerais, ou até mesmo da validade de padrões de avaliação ou de procedimentos. Mas, com seu fluxo de informações e interpretações renovadas diariamente, a mídia corrente confirma, corrige e complementa a imagem cotidiana vaga de um *mundo assumido como objetivo*, que mais ou menos *todos os contemporâneos* presumem que também seja aceito por todos os demais como o mundo "normal" ou válido.

Otfried Jarren e Renate Fischer[27] explicam por que o impulso em direção à "plataformização da esfera pública" [*Plattformisierung der Öffentlichkeit*] está colocando a mídia tradicional em apuros, tanto do ponto de vista econômico quanto no que diz respeito à diminuição da influência jornalística e à adaptação dos padrões profissionais. Dado que a tiragem e as receitas de publicidade estão correlacionadas, a queda na demanda por jornais e periódicos impressos compromete a base econômica da imprensa; e ela ainda não encontrou um modelo de negócio verdadeiramente bem-sucedido para vendas comerciais em formatos digitais, uma vez que compete na internet com provedores que fornecem essas informações gratuitamente a seus usuários. O resultado é a redução de custos e as condições de trabalho precárias, que afetam a qualidade e o escopo do trabalho de edição. Mas não apenas as perdas nos mercados

---

27 Jarren; Fischer, Die Plattformisierung von Öffentlichkeit und der Relevanzverlust des Journalismus als demokratische Herausforderung, em Seeliger; Sevignani (orgs.), op. cit., p.365-84.

Uma nova mudança estrutural da esfera pública e a política deliberativa

de publicidade e do público enfraquecem a relevância e o poder interpretativo da imprensa. Adaptar-se à concorrência na internet requer mudanças na forma jornalística de trabalhar. Mesmo que a *audience turn* – ou seja, a inclusão mais intensa do público e uma maior sensibilidade às reações dos leitores – não seja necessariamente uma desvantagem, vai se fortalecendo a tendência à desprofissionalização e à compreensão do trabalho jornalístico como um serviço neutro e despolitizado. Quando a gestão de dados e da atenção toma o lugar da pesquisa direcionada e da interpretação precisa, "as redações, antes locais de debate político, são transformadas mais em centros de coordenação para a aquisição, controle da produção e distribuição de *content*".[28] Na mudança nos padrões profissionais se reflete a adaptação da imprensa – que inerentemente tem maior afinidade com um caráter discursivo de formação *cidadã* da opinião e da vontade – aos serviços comerciais de plataformas que disputam a atenção *dos consumidores*. Com a imposição dos imperativos da economia da atenção na nova mídia se fortalecem evidentemente as tendências – há muito conhecidas pelos tabloides e pela imprensa de massa – para o entretenimento, a sobrecarga afetiva e a personalização daqueles temas factuais que estão em jogo na esfera pública política.

Ao alinhar programas políticos com ofertas de entretenimento e consumo, que abordam os cidadãos na qualidade de consumidores, tocamos nas tendências de despolitização que têm sido observadas na pesquisa de mídia desde a década de 1930, mas que agora evidentemente se tornaram muito mais intensas com a oferta da mídia social. Só quando orientamos

---

28 Ibid., p.370.

nosso olhar do lado objetivo da estrutura ampliada da mídia e da modificação de sua base econômica para o lado dos destinatários e a alteração de seus modos de recepção tocamos na questão central de saber se a mídia social muda a forma e a maneira como seus usuários percebem a esfera pública política. É claro que as vantagens técnicas das plataformas comerciais – e até mesmo um meio como o *Twitter*, que exige mensagens concisas – oferecem aos usuários vantagens inegáveis para fins políticos, profissionais e privados. Esse progresso não é o nosso tema. Trata-se muito mais da questão de saber se essas plataformas também incentivam uma espécie de troca de pontos de vista implícita ou explicitamente políticos, que, pela modificação no modo de usar, também poderia ter influência *na percepção da esfera pública política como tal*. No que diz respeito ao lado subjetivo do uso da nova mídia, Philipp Staab e Thorsten Thiel referem-se à teoria da "sociedade das singularidades", de Andreas Reckwitz, mais especificamente aos incentivos que as plataformas ativas oferecem aos seus usuários para a autoapresentação narcisista e a "encenação da singularidade".[29] Se distinguirmos claramente a "individualização" da "singularização", ou seja, entre o caráter único e insubstituível que uma pessoa adquire historicamente e a visibilidade pública e o ganho de distinção que pode ser adquirido, por exemplo, pelas aparições espontâneas na rede, a "promessa de singularização" pode ser o termo certo para influenciadores que disputam a anuência dos seguidores ao seu próprio programa e a sua própria reputação. Seja como for, no que diz respeito

---

29 Cf. Staab; Thiel, Privatisierung onhe Pirvatismus, op. cit.; Reckwitz, *Die Gesellschaft der Singularitäten.Zum Strukturwandel der Moderne.*

Uma nova mudança estrutural da esfera pública e a política deliberativa

à contribuição da mídia social na formação da opinião e da vontade na esfera pública política, outro aspecto da recepção me parece mais importante. Como já foi muitas vezes observado, naquelas esferas públicas espontaneamente autogeridas e fragmentadas, que se separam tanto da esfera pública editada ou oficial quanto entre si, surge um empuxo para a confirmação autorreferencial recíproca de interpretações e tomadas de posição. Porém, quando nesses meios se altera a experiência e a percepção dos participantes do que antes era chamado de esfera pública e de esfera pública política, e se afeta a até então habitual distinção conceitual *entre as esferas privada e pública*, essa circunstância teria que ter consequências consideráveis na autocompreensão dos consumidores da rede como cidadãos. Por enquanto, faltam os dados para testar essa hipótese; mas há sinais suficientemente perturbadores que a sugerem.

No período que estamos considerando, nada se modificou estruturalmente na base social da diferenciação jurídica e política da esfera pública em relação à esfera privada das interações econômicas, da sociedade civil e das relações familiares; pois a própria forma capitalista da economia está baseada nessa separação. Nos Estados constitucionais democráticos essa estrutura também tem se refletido na consciência dos cidadãos. E trata-se precisamente dessa percepção. Espera-se que os cidadãos tomem suas decisões políticas no campo de tensão entre o interesse próprio e a orientação ao bem comum. Como mostrado, eles conseguem aliviar essa tensão no espaço de comunicação de uma esfera pública política que, em princípio, inclui todos os cidadãos como público. Os fluxos de comunicação pública se destacam de todos os contatos privados ou empresariais pelo fato de passarem por comportas de edição [*redaktionelle Schleusen*]. Na elaboração de material a ser impresso, que se destina a uma esfera pública de leitores anônimos, valem os padrões diferentes daqueles que se aplicam à correspondência privada – que permanecerá escrita à mão por muito tempo.[30] Não é a diferença entre a participação ativa e passiva no discurso que é constitutiva para a esfera pública, mas sim são os temas que merecem um interesse *comum*, bem como a forma e a racionalidade das contribuições examinadas de maneira profissional, que possibilitam um acordo sobre interesses comuns e diferentes. A metáfora espacial de distinguir o "espaço" privado do "espaço" público não deve ser exagerada; o fator decisivo é a percepção do *limiar* (mesmo politicamente contestado) entre os assuntos privados e as questões públicas que serão discutidos na esfera pública política. Essa percepção também é compartilhada pelos movimentos sociais que criam contrapúblicos a fim de combater o estreitamento da visão da esfera pública midiática. Para além da referência substantiva ao centro capaz de agir politicamente, é a forma e a relevância das contribuições editadas e selecionadas que atraem a atenção do público; e essa expectativa de confiabilidade, qualidade e relevância geral das contribuições públicas também é constitutiva para a percepção da natureza inclusiva de uma esfera pública que deve direcionar a atenção *de todos os* cidadãos para *os mesmos* temas a fim de estimular cada um deles a formular,

---

30 É claro que uma exceção convincente são as cartas literárias que atendem a padrões estéticos – como pode ser visto no impressionante exemplo dos românticos – e, com isso, cumprem um interesse público.

Uma nova mudança estrutural da esfera pública e a política deliberativa

segundo padrões reconhecidos idênticos, seu *próprio* juízo sobre as questões relevantes para a tomada de decisões políticas.[31]

É certo que desde a formação das "sociedades midiáticas" nada mudou essencialmente na base social dessa separação entre a esfera pública e as esferas privadas da vida. No entanto, no curso de um uso mais ou menos exclusivo da mídia social pode ter mudado a *percepção da esfera pública* em parcelas da população, de forma tal que ficou esmaecida a distinção seletiva entre "público" e "privado" e, com isso, o *senso inclusivo* da esfera pública. Na literatura sobre estudos de comunicação, há observações crescentes de uma tendência de virar as costas à percepção tradicional da esfera pública política e da própria política.[32] Em determinadas subculturas, a esfera pública não é mais percebida como inclusiva e a esfera pública política não é mais percebida como um espaço de comunicação para uma universalização de interesses que abranja todos os cidadãos. Por isso, tento explicar uma hipótese e como tal torná-la plausível.[33] Como mencionado acima, a rede abre espaços virtuais nos quais os usuários podem encontrar novas formas de empoderamento como autores. Com a mídia social surgem espaços públicos de acesso livre que convidam todos os usuários a uma

---

31 Eu lamento não poder analisar, no espaço dado, as reflexões mais abrangentes de Trenz, Öffentlichkeitstheorie als Erkenntnistheorie moderner Gesellschaft, em Seeliger; Sevignani (orgs.), op. cit., p.385-405.

32 Cf. Bennett; Pfetsch, Rethinking Political Communication in a Time of Disrupted Public Spheres, *Journal of Communication*, v.68, n.2, p.243-53, 2018.

33 Cf. uma apresentação descritiva em Barthelmes, *Die große Zerstörung. Was der digitale Bruch mit unserem Leben macht*, especialmente o capítulo 7, p.128-55.

intervenção espontânea que não foi examinada por nenhum lado – e que, por sinal, há muito tempo atrai os políticos a exercerem uma influência personalizada sem mediação em uma esfera pública plebiscitária. A infraestrutura dessa "esfera pública" plebiscitária, desestruturada em cliques de gostei e não gostei, é de natureza técnica e econômica. Mas, em princípio, todos os usuários – que estão em certa medida dispensados dos requisitos de admissão da esfera pública editada e que estão do seu ponto de vista isentos de "censura" – podem recorrer a um público anônimo nesses espaços de mídia de acesso livre e solicitar seu consentimento. Esses espaços parecem adquirir uma intimidade anônima de tipo peculiar: segundo os padrões anteriores, eles não podem ser entendidos nem *como espaços públicos nem como espaços privados*, mas muito provavelmente como uma esfera de comunicação até então reservada para correspondência privada e agora desdobrada na esfera pública.

Os usuários que se empoderaram como autores provocam atenção com suas mensagens, pois a esfera pública não estruturada *só é produzida* com os comentários dos leitores e com os *likes* dos *followers*. Quando a partir deles se formam as câmaras de eco autossustentáveis, essas bolhas compartilham com a forma clássica da esfera pública o caráter poroso da abertura para a formação de redes *mais amplas;* no entanto, ao mesmo tempo diferem do caráter fundamentalmente inclusivo da esfera pública – e de seu contraste com a esfera privada – pela rejeição das vozes dissonantes e pela inclusão assimiladora das vozes consoantes em seu próprio horizonte do suposto "saber" – contudo, sem filtragem profissional – *circunscrito para preservar a identidade*. A partir de uma visão solidificada pela confirmação mútua de seus juízos, as pretensões de universa-

Uma nova mudança estrutural da esfera pública e a política deliberativa

lidade que se estendem para além de seus próprios horizontes são, em princípio, suspeitas de hipocrisia. Na perspectiva limitada desse tipo de *esfera semipública*, a esfera pública política dos Estados constitucionais democráticos não pode mais ser percebida como um espaço inclusivo para um possível esclarecimento discursivo acerca de pretensões de validade da verdade e da consideração universal de interesses que competem entre si; é precisamente essa esfera pública *que surge como inclusiva* que, então, é rebaixada para *esferas semipúblicas* que competem em pé de igualdade.[34] Um sintoma disso é a *dupla estratégia* de disseminação de *fake news* e a luta simultânea contra a "imprensa mentirosa", o que, por sua vez, causa incerteza na esfera pública e na própria mídia dirigente.[35] Mas, quando o espaço comum da "política" degenera em um campo de batalha entre esferas públicas concorrentes, os programas políticos democraticamente legitimados e colocados em prática pelo Estado estimulam explicações baseadas em teorias da conspiração – como no caso das manifestações anticorona encenadas libertariamente, mas motivadas autoritariamente. Essas tendências já podem ser observadas nos Estados-membros da União Europeia; mas podem inclusive capturar e deformar o próprio sistema político, se este for por longo tempo minado e abalado por conflitos socioestruturais. Nos Estados Unidos, a política foi envolvi-

---

34 O contexto dessa "esfera semipública" pode também ser bem descrita como uma esfera pública meio privatizada. Essa característica é encontrada por Philipp Staab e Thorsten Thiel com o título de seu artigo Privatisierung ohne Privatismus (ver nota 18).

35 Jaster; Lanius, Fake News in Politik und Öffentlichkeit, em Hohlfeld; Harnischmacher; Heinke; Lehner; Sengl (orgs.), *Fake News und Desinformation*, p.245-69.

da no turbilhão de uma contínua polarização da esfera pública depois que o governo e grande parte do partido governante se adaptaram à autopercepção de um presidente bem-sucedido nas redes sociais, que diariamente, via *Twitter*, coletava o assentimento plebiscitário de seus fiéis seguidores populistas.[36] A decadência da esfera pública política – que esperamos seja apenas temporária – tem sido expressa no fato de que para quase metade da população o conteúdo comunicativo não pôde mais ser trocado na moeda das pretensões de validade criticáveis. Não é o acúmulo de *fake news* que é significativo para uma *deformação generalizada da percepção da esfera pública política*, mas o fato de que as *fake news* não podem mais ser identificadas como tais da perspectiva dos participantes.[37]

Nas ciências da comunicação e nas ciências sociais é agora comum falar de *disrupted public spheres* [esferas públicas disruptivas] que teriam se desacoplado do espaço da esfera pública institucionalizada jornalisticamente. Mas para os observadores científicos seria falso tirar daí a conclusão de separar a descrição desses fenômenos sintomáticos de questões da teoria democrática em geral.[38] Pois a comunicação em esferas semipúblicas independentes, por sua vez, não seria de forma alguma

---

36 Sobre Trump e *fake news,* cf. Oswald, Der Begriff "Fake News" als rhetorisches Mittel des Framings in der politischen Kommunikation, em Hohlfeld et al., op. cit., p.61-82.

37 Cf. Hohlfeld, Die Post-Truth-Ära: Kommunikation im Zeitalter von gefühlten Wahrheiten und Alternativen Fakten, em Hohlfeld at al., op. cit., p.43-60.

38 Um posicionamento esclarecedor encontra-se em Berg; Rakowski; Thiel, Die digitale Konstellation.Eine Positionsbestimmung, *Zeitschrift für Politikwissenschaft*, v.30, p.171-91, 2020.

Uma nova mudança estrutural da esfera pública e a política deliberativa

despolitizada; e, mesmo onde isso fosse verdade, a força que essa comunicação tem para formar a visão de mundo dos participantes não é apolítica. Um sistema democrático como um todo é prejudicado quando a infraestrutura da esfera pública não puder mais chamar a atenção dos cidadãos para as questões relevantes que exigem a tomada de decisão e não for mais capaz de garantir a formação de opiniões públicas concorrentes, ou seja, opiniões *qualitativamente filtradas*. Certamente, se tivermos em mente os complexos pré-requisitos para a existência de democracias capitalistas inerentemente propensas a crises, é óbvio que uma perda de função da esfera pública política pode ter razões mais profundas. Mas isso não nos dispensa de procurar por razões *mais óbvias*.

Vejo uma dessas razões na coincidência do surgimento do Vale do Silício, ou seja, o uso comercial da rede digital, por um lado, e a disseminação global do programa econômico neoliberal, por outro. A zona globalmente expandida de fluxos de comunicação livres, que na época foi possível pela invenção da estrutura técnica da "rede", se apresentou como o reflexo de um mercado ideal. Esse mercado não precisou ser primeiro desregulamentado. É claro que essa imagem sugestiva agora é perturbada pelo controle algorítmico dos fluxos de comunicação, a partir do qual se alimenta a concentração do poder de mercado das grandes empresas de internet. A coleta e o processamento digital de dados pessoais de clientes, os quais são intercambiados de forma mais ou menos imperceptível com as informações fornecidas gratuitamente por mecanismos de busca, portais de notícias e outros serviços, explicam por que a Comissão para a Concorrência da UE [EU-Wettbewerbskommisarin] quer regular esse mercado. Mas o direito da concorrência é a alavanca errada para corrigir a falha básica de que as plataformas, ao contrário da mídia clássica, não querem assumir qualquer responsabilidade pela disseminação de conteúdos comunicativos sensíveis à verdade, ou seja, propensos a enganos. Por exemplo, o fato de a imprensa, o rádio e a televisão serem obrigados a corrigir *fake news* chama a atenção para a circunstância que aqui nos interessa. Devido ao caráter singular de seus produtos, que não são meros produtos, as plataformas também não podem escapar daquela devida auditoria jornalística prevista em lei [*publizistischen Sorgfaltspflicht*].

As plataformas também são responsáveis e precisariam ser responsabilizadas por notícias que eles não produzem nem editam; porque essas informações também têm uma força para formar opiniões e mentalidades. Em primeiro lugar, elas não estão sujeitas aos padrões de qualidade das mercadorias, mas aos padrões cognitivos de juízos sem os quais não pode haver nem a objetividade do mundo dos fatos nem a identidade e o caráter comum do nosso mundo intersubjetivamente compartilhado.[39] Em um "mundo" de *fake news* (difícil de imaginar) que não poderiam mais ser identificadas como tais, ou seja, distinguidas das informações verdadeiras, nenhuma criança seria capaz de crescer sem desenvolver sintomas clínicos. Portanto, não se trata de uma decisão política sobre qual direção

---

39 Qualquer um que analise essa conexão reconhece o caráter autoritário – que visa aos fundamentos de uma esfera pública discursiva – da crítica generalizada de hoje à estrutura e ao escopo da programação das emissoras de serviço público. Juntamente com uma imprensa de qualidade, cuja base econômica em breve só poderá ser assegurada com a ajuda do apoio público, as estações de televisão e rádio estão, por enquanto, resistindo ao redemoinho de uma "plataformização" da esfera pública e de uma mercantilização da consciência pública.

Uma nova mudança estrutural da esfera pública e a política deliberativa

tomar, mas sim de um imperativo constitucional manter uma estrutura midiática que possibilite o caráter inclusivo da esfera pública e um caráter deliberativo na formação pública da opinião e da vontade.

Democracia deliberativa
Uma entrevista

Muitos teóricos deliberativos enfatizam hoje em dia que os padrões deliberativos funcionam como "ideais reguladores", como o padrão de igualdade de poder no modelo de democracia agregativa. Isso implica que em última análise o tão citado conceito da "situação ideal de fala" não é um objetivo desejável na prática. Você acha que ela representa um desenvolvimento desejável?

Sua pergunta me dá a oportunidade de esclarecer um persistente mal-entendido sobre o conceito "situação ideal de fala". Independentemente do fato de não usar o termo enganoso desde 1972 – em um ensaio sobre "teorias da verdade" – e tê-lo revisto há muito tempo, é necessário levar em conta o contexto em que conceito foi introduzido. Na época, usei a expressão para o feixe de pressupostos pragmáticos que sempre *precisamos faticamente* assumir quando entramos em uma argumentação sobre a validade de enunciados. Na condição de participantes do discurso, "sabemos" que não argumentamos "seriamente" quando a coerção ou a manipulação estiverem envolvidas nessa troca de razões, quando os concernidos são excluídos ou as opiniões e tomadas de posição relevantes são suprimidas.

83

Precisamos *pressupor* que, na situação dada, só entra em jogo a coerção não coercitiva do melhor argumento. Esse nosso *saber como* participar de um discurso racional tem uma influência regulatória sobre o comportamento fático dos participantes na argumentação, mesmo que estejam cientes de que só podem cumprir esses pressupostos pragmáticos de modo aproximado. Em relação a esse *status* contrafactual, pode-se dizer que o *teor idealizador* dos pressupostos pragmáticos dos discursos desempenha o papel de ideias reguladoras para os participantes. Da *perspectiva do observador*, verifica-se que os discursos racionais raramente ocorrem de forma pura. No entanto, essa constatação não altera o fato de que, da *perspectiva dos participantes*, precisamos partir desses pressupostos constitutivos para a busca cooperativa pela verdade. Isso pode ser visto, entre outras coisas, no fato de tomarmos como base justamente esses padrões para criticar um discurso que só é conduzido na aparência ou um acordo alcançado sob circunstâncias questionáveis.

Agora, quando um filósofo examina o conceito de discurso racional, ele assume a atitude epistêmica de um participante e busca reconstruir o "saber performático de como conduzir uma argumentação", ou seja, traduzi-lo em um *"saber que ..."* explícito. Se, em contrapartida, um cientista social se ocupa com os discursos — por exemplo, no contexto de considerações sob o ponto de vista da teoria da democracia —, ele não está preocupado com o discurso como tal. Esses fenômenos são analisados por ele da perspectiva do observador: descreve os discursos no espaço e no tempo, ou seja, em suas múltiplas formas empíricas, e prefere usar para isso o conceito de "deliberação" definido de maneira menos precisa. Mas também há

Uma nova mudança estrutural da esfera pública e a política deliberativa

boas razões para o pesquisador empírico não ignorar descuidadamente o saber performático dos participantes.[1]

Existem muitas práticas que só funcionam quando os participantes assumirem certos pressupostos idealizadores. Em um Estado de Direito democrático, por exemplo, os cidadãos só resolverão seus conflitos em um tribunal se puderem pressupor que podem esperar um veredicto mais ou menos justo (completamente independente daquilo que é descoberto pelos "realistas" ou os representantes dos *Critical Legal Studies* acerca dos motivos interessados dos juízes). Da mesma forma, os cidadãos só continuarão a participar de eleições políticas se puderem pressupor implicitamente que sua voz pode ser ouvida e que ela "conta" – deve inclusive ter o mesmo peso que qualquer outro voto. Estes também são pressupostos idealizados. Todavia, ao contrário dos discursos conduzidos de modo informal, aquelas práticas discursivas incrustadas nas instituições estatais podem perder sua credibilidade. Não vão mais às urnas aqueles eleitores que se sentem "deixados para trás".

As eleições democráticas não funcionam mais quando, por exemplo, se estabelece um círculo vicioso entre os não eleitores desprivilegiados e o desrespeito aos seus interesses, ou quando as infraestruturas da comunicação pública desmoronarem de modo que o campo passa a ser dominado por ressentimentos estúpidos em vez de opiniões públicas bem informadas. Em suma, para mim, a política deliberativa não é um ideal elevado a partir do qual teríamos que medir a realidade desprezível, mas um

---

1 Sobre isso, cf. Gaus, Discourse Theory's Claim: Reconstructing the Epistemic Meaning of Democracy as a Deliberative System, *Philosophy and Social Criticism*, v.42, n.6, p.503-25, 2015.

pré-requisito para a existência de qualquer democracia digna desse nome.

Não é nenhuma coincidência histórica que uma esfera pública burguesa tenha se desenvolvido com a democracia liberal. A despeito das condições modificadas pela democracia de massa, mesmo assim a legislação parlamentar, a competição partidária e as eleições políticas livres devem ter raízes em uma esfera pública política vibrante, em uma sociedade civil ativa e em uma cultura política liberal. Pois, sem esse contexto social, os pressupostos das deliberações essenciais para a legitimação democrática do governo não encontram apoio na realidade.

Mas muitos teóricos da deliberação argumentam que o consenso não precisa ser o objetivo de um processo de deliberação bem-sucedido; na verdade, a deliberação só pode levar ao esclarecimento das preferências. A suposta orientação ao entendimento não exerce uma influência muito forte sobre a deliberação?

Deixe-me esclarecer algo de antemão: a suposição de que os discursos políticos também estão orientados ao objetivo de um acordo não significa de modo algum que é necessário imaginar o processo democrático idealizado de maneira idílica como se fosse organizado na forma de um seminário acadêmico pacífico. Pelo contrário, pode-se supor que a orientação à verdade ou à correção de suas convicções por parte dos participantes incendeia ainda mais as disputas políticas e lhes dá um caráter conflitivo. Quem argumenta contesta. Mas é só pelo direito — na verdade, pelo encorajamento — de dizer não de maneira recíproca que se desenvolve o potencial epistêmico da linguagem, sem o qual não poderíamos *aprender uns com os outros*. É nisso que consiste a perspicácia da política delibe-

Uma nova mudança estrutural da esfera pública e a política deliberativa

rativa: que podemos melhorar nossas convicções em disputas políticas e nos *aproximar* da solução correta dos problemas. Isso pressupõe, é claro, que o processo político em geral tem uma dimensão epistêmica...

O senhor acha que o esclarecimento sobre as preferências é um objetivo plenamente válido das deliberações? Pode a deliberação também produzir resultados que não são aptos a ser descritos como consensos no sentido mais estrito, mas como compromissos ou situações em que todos ganham?

O esclarecimento das preferências é, naturalmente, o primeiro passo em todos os discursos políticos; por outro lado, os discursos justificam a expectativa de que no curso da deliberação os participantes *revisem* suas preferências iniciais e também *as alterem* à luz das melhores razões. Com base nessa condição, uma formação deliberativa da opinião e da vontade é diferente de uma formação de compromissos. Os discursos têm uma dimensão epistêmica porque dão espaço à *força transformadora de preferências exercida pelos argumentos*, ao passo que os compromissos, que são negociados entre os parceiros poderosos, são pagos na moeda de concessões mútuas ou de benefícios comuns e deixam intocadas as preferências existentes. Ambos os procedimentos — o discurso e a negociação — são formas legítimas de acordo político. É preciso prestar atenção ao tipo de questão para reconhecer se é o caso de se buscar um acordo pela via epistêmica do discurso ou pela via da negociação.

A questão crucial é, contudo, a *que tipo de razões* confiamos a força de motivar a mudança racional de preferências. A resposta depende de premissas filosóficas de fundo, sobre as quais também os cientistas políticos que fazem pesquisa empírica precisam estar cientes ao se ocupar com a política deliberativa.

Jürgen Habermas

Os empiristas defendem uma concepção não cognitivista da razão prática limitada à capacidade de escolha racional e de tomada de decisões estratégicas. Isso significa que as preferências próprias sofrem influência apenas das melhores informações sobre espaços de ação e riscos e do cálculo comparativamente mais confiável das consequências de possíveis cursos alternativos de ação, mas não da *consideração das preferências dos demais participantes*. Essa visão restritiva é contraintuitiva, pois na formação racionalmente motivada das preferências o peso epistêmico das razões – com as quais disputamos a correção das normas vinculantes de ação ou a prioridade dos valores – é incluído no prato da balança do mesmo modo que as informações sobre os fatos.

Nos discursos políticos não se trata apenas da verdade sobre enunciados descritivos, mas também das pretensões de validade que associamos a enunciados normativos e avaliativos. A justiça de uma norma jurídica pode ser examinada do ponto de vista de se é "igualmente boa" para todos os concernidos tendo em vista uma situação que precisa ser regulamentada; nesse caso, aplica-se um princípio de universalização. Uma decisão entre valores concorrentes pode ser examinada pelos membros de uma comunidade política do ponto de vista da sua prioridade no que diz respeito ao *ethos* de seu modo de vida compartilhado. Em contrapartida, as preferências como tal não exigem uma fundamentação, dado que tais enunciados em primeira pessoa são autorizados pelo acesso privilegiado aos seus desejos próprios. Os problemas da justiça são entendidos como uma tarefa cognitiva, enquanto as decisões sobre a prioridade dos valores podem ser consideradas como tarefa de uma formação da vontade racionalmente motivada – parcialmente cognitiva, parcialmente volitiva. A orientação consensual dos

Uma nova mudança estrutural da esfera pública e a política deliberativa

participantes resulta do significado das respectivas questões – ao contrário das preferências, as normas e os valores nunca dizem respeito apenas a uma única pessoa.

Por outro lado, é claro que essa orientação ao consenso – *pressuposto* pela compreensão epistêmica dos discursos – não significa que os participantes possam ter a expectativa irrealista de chegar efetivamente a um consenso sobre questões políticas. Pois os discursos práticos exigem de seus participantes a disposição improvável para a assunção mútua de perspectivas e uma orientação aos interesses comuns ou orientações de valor. Por essa razão, o processo democrático vincula as deliberações delimitadas temporalmente às decisões majoritárias. Por usa vez, regra da maioria (qualificada, se for necessário) pode ser justificada pela natureza discursiva da formação de opiniões. Sob o pressuposto de que a suposição de resultados racionalmente aceitáveis está justificada e a decisão permanece reversível, a minoria derrotada pode submeter-se à maioria com vistas a retomar o discurso, sem ter que abrir mão de sua própria posição.

A teoria da ação comunicativa pressupõe que as intenções estratégicas minam a orientação deliberativa ao entendimento. Em outras palavras: atores verdadeiramente deliberativos precisam ter uma orientação ao entendimento. Na política, por outro lado, as orientações estratégicas por parte dos atores são centrais, o que levanta a questão sobre qual é, na verdade, a relevância que o modelo deliberativo pode ter nas situações de tomada de decisão política.

Ora, é claro que a grande maioria das decisões políticas é resultado de compromissos. Mas as democracias modernas vinculam a soberania popular com a dominação das leis. Isso significa que a formação de compromissos ocorre no âmbito das normas constitucionais. Tal enquadramento constitucional faz que a busca de compromissos esteja reiteradamente entrelaçada com questões de justiça política e com a realização de orientações prioritárias de valor. E dado que com essas questões um sentido epistêmico é introduzido na deliberação política, não se pode de antemão limitá-la a compromissos sobre distribuição de bens entre parceiros que negociam a partir de seus interesses. Há formas híbridas interessantes, analisadas por Mark E. Warren e Jane Mansbridge quando analisam, entre outras coisas, o exemplo da legislação de política climática que faz uso da troca de certificados de emissão.[2] É claro que ocorre um compromisso entre os objetivos da política climática de limitar os poluentes e os interesses das empresas em questão; mas isso também toca em questões de justiça, pois leva em conta o objetivo de uma política que já foi decidida: de frear as mudanças climáticas globais o mais rápido possível no interesse universal dos cidadãos e das gerações futuras.

Na teoria política, a oposição entre ação estratégica e ação comunicativa abriu as portas para teorias agonísticas, como as apresentadas por Chantal Mouffe, por exemplo. Essas teorias afirmam serem mais "políticas" do que a teoria deliberativa.

Teorias que começam com um conceito *do* político são insuficientes – independentemente de defenderem um conceito agonístico de luta política, um conceito sistêmico de poder controlado administrativamente ou um conceito comunicativo de poder gerado interativamente. No curso da evolução social

---

2 Warren; Mansbridge, Deliberative Negotiation, em Mansbridge; Martin (orgs.), *Negotiating Agreement in Politics*, p.86-120, aqui p.109ss.

Uma nova mudança estrutural da esfera pública e a política deliberativa

do Estado, o poder político surgiu co-originariamente com o direito sancionado pelo Estado. Como resultado, as sociedades adquiriram a capacidade reflexiva de influenciar intencionalmente suas próprias condições de existência através de decisões coletivamente vinculativas. Originalmente, a crença dos súditos na legitimidade da dominação – ancorada no complexo do sagrado – foi uma condição para a estabilidade das ordens políticas existentes – mas, ao mesmo tempo, também uma fonte de crítica da dominação. Após a secularização do poder estatal na modernidade, o papel da religião como fonte de legitimação acabou sendo substituído pelas constituições produzidas democraticamente. O consenso de fundo sobre os princípios constitucionais, que, desde então, se difundiu na população, se diferencia da legitimação fundamentada na religião pelo fato de ter sido, em geral, produzido pela via democrática, ou seja, também pela troca deliberativa de argumentos. É claro que esse consenso de fundo precisa ser renovado por cada geração, caso contrário as democracias não durariam.

Mas o *núcleo não antagônico* desse consenso de fundo não significa de modo algum que a Constituição organiza o processo democrático como um evento *continuamente* orientado para o consenso. É preciso partir das diferentes funções que a comunicação política deve cumprir, em arenas diferentes e de maneiras diferentes, com suas contribuições para um processo democrático *que é filtrado deliberativamente como um todo*. Então é possível reconhecer os desníveis interessantes entre os requisitos de racionalidade funcionalmente necessários. Ou seja, ao longo de vários estágios de comunicação eles vão diminuindo – começando pela racionalidade comparativamente elevada dos discursos *legalmente institucionalizados* nos tribunais e nas corporações parlamentares até chegar aos debates – voltados para *um público difuso* – dos atores políticos *na esfera pública* e nas campanhas eleitorais, às vozes da sociedade civil e, de forma mais geral, à comunicação política de massa pela mídia. Por exemplo, o caráter agonístico das campanhas eleitorais, a luta dos partidos ou as múltiplas formas de protesto dos movimentos sociais só podem ser definidos corretamente quando se considera que a contribuição funcional da comunicação política de massa na formação deliberativa de opinião e da vontade como um todo consiste em gerar opiniões públicas concorrentes sobre temas relevantes para as decisões.

Considerada de pontos de vista funcionais, a orientação ao consenso dos participantes só é necessária nas deliberações daquelas instituições em que são tomadas decisões juridicamente vinculantes. A comunicação informal na esfera pública mais ampla também pode sustentar manifestações robustas ou formas caóticas de conflito, pois sua contribuição limita-se à mobilização de temas, informações e argumentos relevantes, ao passo que as decisões são tomadas em outros lugares. Uma dinâmica antagônica na esfera pública já pode ser inflamada apenas pelos conflitos produzidos pela orientação à verdade que os cidadãos vinculam a suas manifestações políticas. Mas até mesmo isso é bastante funcional para gerar opiniões públicas concorrentes.

Nesse contexto, como o senhor avalia a tese cada vez mais comum de que a deliberação boa e desejável deve incluir não apenas razões racionais (ou justificativas), mas também narrativas, emoções e retóricas?

Sobre isso, outra vez, é necessário ter em mente a imagem toda. A comunicação de massa, da qual devem surgir as opiniões públicas politicamente relevantes, é em grande parte ali-

Uma nova mudança estrutural da esfera pública e a política deliberativa

mentada, do lado do *input*, pela contribuição do governo, dos partidos e dos grupos de interesse, e, em seguida, é processada pela mídia. Em comparação com os partidos políticos e os especialistas e as agências de relações públicas dos sistemas sociais funcionais, os atores da sociedade civil geralmente não têm uma posição fácil. Por outro lado, a sociedade civil é o único campo de ressonância da sociedade como um todo para os problemas e tensões gerados por disfunções nos sistemas individuais que, de certo modo, são percebidos pelos "consumidores". Por isso, a rede de comunicação da sociedade civil funciona para a política como uma espécie de sistema de alerta prévio que faz o levantamento das experiências críticas de áreas da vida privada, processa-as em vozes de protesto e as transmite para a esfera pública política. Dado que os movimentos sociais, nos quais os protestos podem se condensar, não são o caso normal, quanto mais espontânea for a manifestação das vozes não editadas e *in off* da sociedade civil, tanto mais aumentam as chances de serem ouvidas em comparação com os pronunciamentos bem formulados dos demais atores políticos. As narrativas, assim como os afetos e os desejos expressos nessas vozes, têm um teor propositivo que pode ser entendido; e a retórica poderosa ainda é um dos meios mais convencionais no longo caminho que um tema precisa percorrer para chamar uma atenção suficiente da mídia e entrar na agenda de alguma agência influente. Também ações espetaculares, inclusive as que violam as regras, são as mensagens que devem "chegar" ao sistema político.

Sobre isso, alguns teóricos da deliberação enfatizam que, além das considerações sobre o bem comum, o interesse próprio também deve fazer parte da deliberação, ainda que sob a condição de que os interesses próprios só sejam legítimos se forem constrangidos por princípios de justiça. Como o senhor vê isso? O interesse próprio é um aspecto essencial de deliberação desejável?

Considero isso autoevidente. Até mesmo os discursos morais precisam partir inicialmente dos respectivos interesses das partes envolvidas no conflito antes que se possa considerar o que é do interesse simétrico de todos os concernidos do ponto de vista da justiça. Certamente, nenhuma coletividade democrática pode funcionar se os cidadãos, como cidadãos políticos e colegisladores, perseguirem apenas seu próprio interesse. John Rawls vincula corretamente o "uso público da razão" à ideia de virtudes políticas. Por outro lado, é necessário também notar – contra Rousseau – que a orientação ao bem comum por parte dos cidadãos só pode ser exigida em pequenas proporções pelo Estado democrático.

Até que ponto a democracia deliberativa está atrelada a uma cultura política liberal-moderna? Em outras palavras: a deliberação pode funcionar globalmente – e, se assim for, o senhor concordaria que os padrões deliberativos também requerem adaptações culturais?

Sempre é preciso ter um pé atrás com as ideias entusiásticas de uma exportação – seja de forma pacífica ou pela força militar – da democracia sem pensar nas circunstâncias. É por isso que a democracia liberal é uma forma de Estado tão exigente e frágil, porque só pode ser realizada se mediada pela mente de seus cidadãos. Por outro lado, isso não significa que no cenário internacional o "Ocidente", se me permite dizer, deveria relativizar a pretensão de universalidade erguida para os princípios do Estado de Direito democrático. Nessa discussão trata-se de *princípios racionais*, e não de *valores contestáveis*.

Uma nova mudança estrutural da esfera pública e a política deliberativa

O que polariza a comunidade internacional é precisamente essa conversa fiada sobre "nossos valores" que supostamente precisariam ser defendidos contra os valores de outras culturas. Na condição de filósofo, defendo a concepção de que "nós" temos boas razões para defender, nos discursos interculturais, a validade universal dos direitos humanos como fundamentos morais do Estado constitucional democrático. Contudo, somente com a condição de que "nós" participemos de tais discursos *dispostos a aprender* e na condição de *uma parte entre outras*. A disposição para aprender é solicitada porque a brutal história da violência do imperialismo ocidental nos ensinou que precisamos ser esclarecidos por outras culturas sobre os pontos cegos em nossa interpretação e aplicação dos direitos humanos não apenas no passado, mas inclusive no presente. Mas mesmo uma presumida validade universal dos princípios que nesse ínterim foram estabelecidos na Carta das Nações Unidas não significa que podemos fazer cruzadas a favor da disseminação das democracias liberais. Pelas razões que já estão implícitas na sua pergunta, é claro que uma ordem democrática imposta de modo paternalista não pode se estabilizar em longo prazo.

Por outro lado, considero também equivocada a chamada segunda melhor solução, a de "adaptar" os princípios aos valores e às circunstâncias de uma cultura estrangeira. Mesmo o manuseio "político" bem-intencionado dos princípios da justiça política – como é recomendado, por exemplo, por John Rawls em *O direito dos povos* – nos obriga, em todo caso, a uma atitude paternalista questionável em relação a outras civilizações.

Em algumas situações sociais e políticas – por exemplo, no contexto de profundas divisões religiosas ou étnicas ou quando os participantes não confiam uns nos outros —, ideais deliberativos, como racionalidade argumentativa ou respeito, são difíceis de serem realizados. Que papel a teoria deliberativa pode desempenhar em tais situações?

Talvez seja necessário começar lembrando a tendência de longo prazo de que, no decorrer da pluralização de nossas sociedades, o fardo da integração social vai se deslocando do plano das formas de vida locais e culturas nacionais para o Estado e a política. A mobilização tecnologicamente acelerada das condições de vida e, sobretudo, a crescente imigração das culturas estrangeiras são causas importantes para isso. À parte da língua franca comum, o que todos os cidadãos de uma comunidade política devem compartilhar está cada vez mais cristalizado em torno do *status* de cidadania. Por isso a cultura política não pode mais coincidir com a cultura da maioria nativa. Esse processo de diferenciação é percebido como doloroso até mesmo em sociedades de imigração como os Estados Unidos: provoca reações populistas em todos os lugares — não apenas mas especialmente entre os socialmente desfavorecidos.

As cisões religiosas na sociedade podem ser um fardo particularmente grande, a exemplo daquele que as populações europeias experimentam atualmente como resultado da imigração de países islâmicos. Por um lado, o Estado liberal, que garante a liberdade religiosa, pode acomodar amplamente as minorias, concedendo direitos religiosos e culturais. Por outro lado, não deve fazer compromissos questionáveis; ele precisa exigir que as minorias cultivem sua forma de vida cultural e sua religião no âmbito dos direitos fundamentais válidos para todos. Considerando o fato de que, no melhor dos casos, esses conflitos podem ser desarmados com os meios jurídicos e burocráticos do Estado, porém só podem ser resolvidos pela aculturação e

Uma nova mudança estrutural da esfera pública e a política deliberativa

socialização em longo prazo, o senhor pergunta sobre o papel mediador da política deliberativa. É claro que a tematização compreensiva dos diversos conflitos de integração na esfera pública em geral e, sobretudo, a desdramatização dos medos e das incertezas fomentados pelos populistas podem ajudar nessa tarefa. Como o senhor mesmo indica, é claro que o simples fato político de lidar com esse problema de maneira deliberativa é quase mais importante do que a própria argumentação; inicialmente, é o estilo de interação que primeiro abre os olhos uns para os outros e depois gera o respeito entre os grupos separados – o estilo é o argumento.

Em geral, há uma estreita conexão entre a forma de comunicação da deliberação e o respeito mútuo que os participantes na argumentação demonstram uns pelos outros. John Rawls entende o respeito mútuo exigido pelo uso público da razão como uma virtude política. Esse respeito refere-se à pessoa do outro, que deve ser reconhecido como um cidadão com direitos iguais; no contexto do uso da razão pública, o respeito se estende à disposição de justificar a própria concepção política para outro, ou seja, se envolver com ele em um discurso. É claro que essa é apenas uma condição necessária para *a expectativa mais ampla* de que, no decorrer do discurso, também se assuma a perspectiva dos outros e se coloque em sua situação. Esse desempenho sociocognitivo não é relevante para os discursos sobre afirmações factuais; pois nestes se trata de avaliar os argumentos em si. Mas em discursos práticos, a disputa é em torno dos interesses, cujo peso relativo só pode ser avaliado da perspectiva do mundo da vida uns dos outros. Essa *assunção mútua de perspectivas*, necessária para examinar um conflito do ponto de vista da justiça, tem certamente uma função que é puramente cognitiva, mas, na verdade, o verdadeiro gargalo é a *disposição de* se engajar nessa operação extenuante de superar grandes distâncias culturais. Esse limiar motivacional explica a persistência dos conflitos que o senhor menciona – mas também a circunstância de que as questões empíricas e teóricas em geral podem ser resolvidas de comum acordo com mais frequência do que os conflitos práticos.

Perguntado de maneira provocativa: o senhor acha que se despediu da teoria crítica com o livro Facticidade e validade*? Nesse livro, a ênfase foi colocada no funcionamento do Estado liberal-democrático, embora este Estado também seja um Estado liberal-capitalista.*

Em meus esforços teóricos, ainda me sinto comprometido com a tradição fundada por Max Horkheimer e, evidentemente, com meu professor Theodor W. Adorno. O pensamento da geração mais antiga da teoria crítica expulsa da Alemanha foi essencialmente influenciado pelas experiências do fascismo e do stalinismo. As tentativas de domar o capitalismo pelo Estado de bem-estar social só foram colocadas em prática depois da Segunda Guerra Mundial, e de modo temporário em uma pequena região do mundo. Consideradas em retrospectiva, essas décadas um tanto douradas – Eric Hobsbawm falou meio ironicamente da "Era de Ouro" – pelo menos mostraram o que pode ser alcançado pela realização equilibrada dos *dois* elementos do Estado de Direito *e* da democracia, ou seja, colocar um sistema econômico altamente produtivo politicamente *a serviço* [*Indienstnahme*] da realização do teor normativo de uma democracia constituída na forma do Estado de Direito. Em *Facticidade e validade*, tentei reconstruir esse teor. Os direitos liberais não caem do céu. Em primeiro lugar, os cidadãos que partici-

Uma nova mudança estrutural da esfera pública e a política deliberativa

pam igualmente na formação da vontade precisam se entender como os *autores dos direitos* que se concedem *reciprocamente* como membros de uma associação de livres e iguais. À luz dessa reconstrução, é possível ver a erosão da democracia, que continua a se acentuar desde que mais ou menos se renunciou à política em favor dos mercados. Desse ponto de vista, a teoria democrática e a crítica ao capitalismo andam juntas. Não inventei o termo "pós-democracia", mas com ele pode-se enfeixar bem os efeitos políticos das consequências sociais de uma política neoliberal imposta de maneira global.

O que quer dizer "democracia deliberativa"? Objeções e mal-entendidos

A democracia moderna se diferencia de suas antigas antecessoras essencialmente pelo fato de apresentar uma comunidade política *constituída* por meio do direito moderno, que assegura aos cidadãos direitos subjetivos iguais. Além disso, tem sua origem nos Estados territoriais e, em comparação com o modelo grego de pequena escala, se diferencia sobretudo pelo seu caráter representativo; pois nela a formação política da vontade dos cidadãos só pode ser exercida indiretamente, ou seja, por *sufrágio universal*. Em nosso contexto, acrescenta-se a circunstância segundo a qual o requisito de um ato de vontade *exercido em comum* só pode ser cumprido em uma esfera pública inclusiva. Pois só quando os atos eleitorais forem o resultado da participação dos cidadãos em uma *comunicação de massa em grande parte anônima, mas comum*, essas decisões podem ser qualificadas sob dois aspectos: que elas sejam tomadas de maneira individual e independente por todos como resultado de uma formação comum da vontade. A comunicação pública forma o elo necessário entre a autonomia política do indivíduo e a formação política comum da vontade de todos os cidadãos.

Jürgen Habermas

Essa constelação é importante porque indica para mim um problema essencial que só pode ser resolvido *pela via* de uma formação democrática da vontade. Em sua formação individual da opinião e da tomada de decisão, o cidadão individual só consegue equilibrar a tensão que existe entre os respectivos interesses do cidadão social e o interesse pelo bem comum do cidadão político na condição de participante no processo de formação pública da opinião. Essa tensão, que é inerente à determinação do próprio Estado constitucional democrático, já precisa ser trabalhada no espaço das decisões políticas do cidadão individual, pois o cidadão político, não obstante a unidade pessoal, não pode se identificar apenas como cidadão social. O Estado democrático de direito garante a todos os cidadãos *de maneira co-originária* tanto a autonomia política quanto as liberdades iguais de um sujeito privado. As normas jurídicas que garantem tais liberdades, as "leis coercitivas da liberdade" de Kant, só podem ser igualmente desejadas por todos se refletirem um equilíbrio solidário dos respectivos interesses conflitantes. E esse equilíbrio, por sua vez, só pode ocorrer na esfera pública através dos processos políticos de formação comum da opinião e da vontade do eleitorado.

Também por uma ocasião atual, gostaria de fazer um comentário sobre esse aspecto das democracias modernas (1), antes de explicar por que dependem de formas deliberativas de política e por que duas objeções apresentadas à concepção deliberativa, a do esquecimento do poder (2) e a supostamente equivocada "orientação à verdade", são tão infundadas (3) quanto são as interpretações alternativas dos expertocratas e populistas (4).

Uma nova mudança estrutural da esfera pública e a política deliberativa

I

O Estado constitucional não cai do céu, mas é fundado por assembleias constituintes em um *espírito* necessariamente *solidário*, em que algo também *precisa se consolidar* nesse Estado e com ele. Na tradição do direito racional, esse ato fundador tem sido imaginado como uma transição do estado de natureza para o estado de sociedade. Inicialmente, os filósofos imaginaram motivos muito diferentes para essa transição. Mas, sejam quais forem, as duas revoluções constitucionais que efetivamente ocorreram no final do século XVIII são, em todo caso, eventos históricos que ocorreram em virtude da *decisão em comum* e das negociações públicas de cidadãos cheios de iniciativa. Esse *capital social* do ato fundador originário não deve ser perdido pelas gerações posteriores, que devem *renová-lo* continuamente, pelo menos em pequenas proporções — e às vezes até mesmo de maneira contrafactual (como na República Federal da Alemanha, cuja Constituição [*Grundgesetz*] não decorreu de nenhuma decisão democrática das cidadãs e cidadãos) — com sua participação contínua no procedimento democrático de legislação política.

Mesmo que o *propósito liberal* do Estado de Direito seja assegurar na forma de direitos subjetivos as liberdades privadas iguais aos cidadãos sociais livremente associados, essas liberdades só permanecem livres da heteronomia paternalista se os *próprios* cidadãos, em seu papel como cidadãos políticos e colegisladores democráticos, ao mesmo tempo usarem seus direitos de comunicação e de participação no espírito de uma *autonomia política exercida de maneira intersubjetiva*. As liberdades privadas do Estado de Direito só podem corresponder aos seus próprios interesses se os próprios cidadãos se concederem seus direitos.

103

Uma legislação voltada para o bem comum precisa equilibrar os interesses sociais conflitantes e buscar o objetivo de compensar as desigualdades sociais que sempre surgem inerentemente às sociedades capitalistas a um ponto tal que todos os cidadãos tenham oportunidades iguais de levarem adiante uma vida *autodeterminada* de acordo com o padrão de sua autocompreensão individual. Todos os cidadãos sociais querem ter uma oportunidade justa de usar seus direitos subjetivos para configurar suas vidas. Só assim eles estarão motivados e em condições de usarem seus direitos democráticos em geral, e mais precisamente não tendo em vista exclusivamente um uso autointeressado. Dessa forma, pode ocorrer um circuito *que se autoestabiliza*, no qual, por um lado, o uso autônomo dos direitos de cidadania política gera legislativamente aqueles direitos subjetivos que (como exige John Rawls) tenham valor igual para todos, de modo que o gozo desses direitos, por outro lado, possibilite que todos os cidadãos alcancem a independência social que os torne capazes e os encoraje a um uso ativo da autonomia política. Desse modo, a autonomia privada e a autonomia pública precisam reforçar-se e se tornar possíveis mutuamente.

Esse circuito de autoestabilização tem, no entanto, um ponto de ruptura que sinaliza que o uso que os cidadãos políticos devem fazer de seus direitos de participação política coloca exigências diferentes do uso que eles podem fazer de suas liberdades privadas. Ambos são garantidos da mesma forma pelos direitos subjetivos; mas, embora a *forma jurídica da autorização* seja adaptada ao exercício das liberdades privadas orientadas aos interesses, ela não se encaixa da mesma forma na obrigação política de exercer direitos democráticos. Toda cidadã política é incentivada a usar seu direito ao voto – principalmente seus

Uma nova mudança estrutural da esfera pública e a política deliberativa

direitos de comunicação e de participação – no sentido da resolução informada e justa daquele problema do qual os cidadãos não podem ser aliviados pelos partidos políticos: o de fazer uma ponderação justa entre os interesses privados legítimos e os interesses públicos por meio de sua escolha política. Mesmo quando o Estado democrático em geral controla essa expectativa do bem comum com moderação, cada indivíduo está envolvido – em seu papel como cidadão político – na solução daquele problema que toda comunidade democrática adota como lema inscrito em seus princípios constitucionais: que todos os cidadãos possam reconhecer, de maneira geral, sua própria vontade nas leis e liberdades efetivamente colocadas em prática como resultados de uma formação pluralista e democrática da vontade. Por mais que, nesse ínterim, as verdadeiras democracias existentes tenham se distanciado desse objetivo político – e as mais antigas delas escandalosamente à frente de todas as outras –, elas só merecem o nome de uma democracia enquanto a massa de seus cidadãos aderir a esse objetivo de maneira convincente.

Uma vez que em longo prazo os mesmos direitos subjetivos também precisam ter "valor igual" para cada cidadão, sua garantia não pode ter existência política sem a possibilidade *do direito coercitivo ter um respaldo seguro na solidariedade política dos cidadãos legisladores.* Isso se mostra sempre que se produz um impasse no circuito de autoestabilização entre a legislação adequadamente voltada para o bem comum e a satisfação suficiente do espectro de interesses privados. De todo modo, para limitar as oscilações de um sistema econômico propenso a crises, que promove a tendência de gerar desigualdades sociais, é necessária uma intervenção estatal inteligente. Todavia, a autoestabilização política pode fracassar de modo especialmente drástico quando a comunidade política está sob estresse em situações de guerra ou de catástrofes e não consegue mais manter seu equilíbrio flexível habitual sem esforços coletivos extraordinários.[1] Nesses casos — ou quando se trata de um dasafio criado por processos naturais descontrolados, como em uma pandemia — o Estado precisa mobilizar *as forças solidárias* extraordinárias — e, se for preciso, de maneira desproporcional — de todas as cidadãs e cidadãos contra um perigo contingente que se introduz *de fora* e ameaça a *coletividade como um todo*. Na atual situação excepcional da pandemia, o Estado só pode conseguir tais esforços coletivos *extraordinários* com uma recaída temporária abaixo do nível jurídico das democracias maduras. Pelo fato de que apenas em tais situações excepcionais é exigido *um grau de solidariedade relativamente maior*, as exigências do Estado acabam *desequilibrando* — em favor da prioridade *prima facie* da proteção estatal à saúde — o processo circular habitual de *autoestabilização* entre as contribuições dos cidadãos à formação política da vontade, orientadas para o bem comum, e o espaço de ação para a utilização das liberdades subjetivas.[2]

---

1 Sobre a sessão seguinte, cf. J. Habermas, Corona und der Schutz des Lebens. Zur Grundrechtsdebatte in der pandemischen Ausnahmesituation. *Blätter für deutsche und internationale Politik*, v.9, p.65-78, 2021.

2 É claro que isso é feito não apenas no caso de catástrofes, ou seja, no caso de perigos contingentes que irrompem a partir de fora, mas também, *de maneira diferente*, em caso de conflitos sociais, quando grupos culturais ou classes sociais que se sentem abandonados, oprimidos ou também inseguros se separam do restante da população e "desembarcam" da cultura política comum e se colocam como oposição ao sistema. Em muitos lugares, parece que ambos os potenciais se vinculam na situação que mistura negacionistas do coronavírus e extremistas de direita.

Uma nova mudança estrutural da esfera pública e a política deliberativa

Nesses casos, muitas vezes os desempenhos extraordinários de solidariedade não são mais reconhecíveis *como tais*. Os encargos que precisam ser impostos aos cidadãos ainda são contribuições cidadãs para um esforço coletivo decidido democraticamente, porém perdem seu caráter voluntário, pois o Estado precisa exigir esses desempenhos solidários mediante a coerção jurídica recorrendo exclusivamente a razões funcionais, ainda que com autorização legal – embora do ponto de vista jurídico eles só possam ser esperados politicamente, mas não prescritos. Quando uma vontade legitimada pelo legislativo decide quais cidadãos devem suportar quais encargos, dificilmente há dúvidas sobre a legitimidade dos desempenhos de solidariedade decretados de maneira coercitiva, pois, caso contrário, o Estado precisaria seguir políticas com as quais *aceitaria* um aumento nos índices de infecção e de morte que *poderia ser evitado*. Mas tal caso catastrófico só deixa claro, de maneira drástica, que aquele problema inscrito estruturalmente nas constituições democráticas, a saber, o de encontrar um equilíbrio entre a percepção autointeressada das liberdades subjetivas e a orientação ao bem comum, necessária do ponto de vista funcional, deve ser resolvido pelos próprios cidadãos – e que esse problema só pode ser resolvido no curso de uma formação comum da opinião e da vontade na esfera pública política.

Nessas situações excepcionais, também se evidencia de maneira flagrante o que está em jogo no caso normal. Ao contrário da imagem distorcida e amplamente difundida da política democrática, esta não deve se esgotar em um equilíbrio nu de interesses entre cidadãos e organizações privadas que decidem de maneira egoísta e privada; não pode se esgotar em compromissos desenfreados. Em vez disso, trata-se de equilibrar as liberdades subjetivas, desfrutadas pelos cidadãos sociais como beneficiários de direitos formalmente iguais, com a solidariedade que os cidadãos políticos devem uns aos outros em seu papel como colegisladores. Pois o sentido de um Estado de Direito democrático é que as liberdades subjetivas iguais têm valor igual para todos. Nas democracias territoriais em larga escala não há outro lugar em que esse processo de ponderação comum entre o interesse próprio e a orientação ao bem comum pode acontecer que não o da comunicação pública inclusiva dominada pela mídia de massa. Na cabine de votação só são registradas as opiniões individuais, o que é comum é o contexto em que se formam — o emaranhado de vozes das opiniões que circulam na esfera pública que acaba se condensando em opiniões públicas concorrentes.

Inicialmente, a abordagem teórica da democracia deliberativa se estabeleceu academicamente nos Estados Unidos, desde o início dos anos 1990.[3] Não obstante, ela se defronta continuamente com uma série de objeções estereotipadas e repetidas, que gostaria de abordar brevemente.

2

O vínculo histórico do conceito de política deliberativa com o imaginário liberal inicial das "assembleias deliberativas" desperta a suspeita de uma imagem idealista do parlamentarismo que esconde os fatos duros da *realpolitik* controlada pelo poder.

---

3 J. Bohman; W. Rehg (orgs.), *Deliberative Democracy. Essays on Reason and Politics*; e, por fim: C. Lafont, *Unverkürzte Demokratie. Eine Theorie deliberativer Bürgerbeteiligung*.

Uma nova mudança estrutural da esfera pública e a política deliberativa

Assim, a primeira objeção se concentra na questão de por que enfatizamos o elemento deliberativo na política se "política" significa principalmente a luta pelo poder – para aquisição e afirmação do poder e seus recursos. Essa objeção se baseia implicitamente no conceito empirista de poder, comum na sociologia. Segundo esse conceito, o detentor do poder dispõe, em virtude dos seus meios de sanção, de um potencial de ameaça com o qual pode impor sua vontade contra a resistência dos oponentes. Mas com esse conceito realista de poder não se pode explicar o cerne das democracias modernas, ou seja, a aceitação ampla das decisões da maioria. Nas sociedades pluralistas do Ocidente, que estão se tornando cada vez mais individualizadas, as imagens de mundo unificadas perderam sua força para legitimar a dominação, de modo que o Estado de Direito democrático precisa legitimar o exercício das funções de dominação sem recorrer a tais fontes metassociais de legitimação, ou seja, precisa legitimá-lo a partir de si mesmo com a ajuda do procedimento juridicamente institucionalizado de tomada de decisão majoritária democrática (se for o caso, de maneira qualificada).

Todavia, com o conceito sociológico de poder mencionado acima não se pode explicar como esse procedimento funciona. Se em eleições repetidas periodicamente fosse decidido apenas que a maioria tem o poder de impor sua vontade política à minoria por um determinado período de tempo, haveria, na melhor das hipóteses, uma explicação ilusória para a aceitação do princípio da maioria: segundo a interpretação empirista, a maioria dos votos contados representa uma superioridade, medida de maneira física, da respectiva maioria dos próprios eleitores; e isto deveria justificar por que o campo político da respectiva parcela "predominante" dos cidadãos "realiza sua vontade", ou seja, um governo cujos objetivos declarados estão baseados em suas preferências, e não nas da minoria temporariamente subjugada. Uma vez que o conceito empirista de poder corresponde ao conceito de liberdade de arbítrio e liberdade de ação, a dominação da maioria se expressaria no fato de que o governo garante à parcela predominante da população um espaço de ação privilegiado para a busca de suas preferências.

Mesmo que o recurso ao potencial de ameaça de violência física superior da maioria dos cidadãos fosse pensado apenas como uma reserva protetiva para o caso de haver resistência física às ordenações dos que estão no poder, essa versão dificilmente seria suficiente para explicar os fundamentos de uma ordem política baseada em direitos humanos. Uma associação autodeterminante de parceiros de direito livres e iguais baseia-se na ideia do autoempoderamento de cada cidadão para obedecer exclusivamente às leis que ele mesmo se deu com base em uma formação política da opinião e da vontade, exercida em comum e em igualdade de direitos com todos os demais cidadãos. Essa ideia ambiciosa não pode ser cumprida com a ajuda dos conceitos empiristas de poder e de liberdade segundo os quais as decisões majoritárias seriam legitimadas por meio de uma agregação numérica das preferências "cruas" de todos os participantes. Em vez disso, a eleição democrática deve ser entendida como a *última etapa de um processo de resolução de problemas*, ou seja, como resultado de um processo comum de formação da opinião e da vontade dos cidadãos que só *formam* suas preferências no decorrer de um debate público conduzido de maneira mais ou menos racional em disputas em torno de problemas que precisam ser regulamentados do ponto de vista político.

Uma nova mudança estrutural da esfera pública e a política deliberativa

Esse elemento da deliberação que prepara a decisão é uma parte essencial da explicação do fato de que o procedimento democrático legitima decisões majoritárias também do ponto de vista da minoria vencida. Ou seja, do ponto de vista do participante, é a combinação improvável de duas características que explica a persuasão do procedimento: por um lado, ele requer a participação de todas as pessoas potencialmente afetadas pelo resultado; e, por outro lado, torna a própria decisão dependente do caráter mais ou menos discursivo da deliberação prévia. O requisito de inclusão corresponde à demanda democrática pela *participação de todos os* possíveis concernidos, ao passo que o filtro da troca deliberativa de propostas, informações e razões justifica o *pressuposto de aceitabilidade racional do* resultado. Esse próprio pressuposto pode, por sua vez, ser examinado na qualidade deliberativa das discussões anteriores. Espera-se que tais discursos mobilizem a concorrência de opiniões públicas decisivas com base em temas relevantes, informações necessárias e opiniões pertinentes a favor e contra. Em suma, o acoplamento entre a participação inclusiva e a deliberação discursiva explica a *expectativa por resultados racionalmente aceitáveis.* No entanto, como cada decisão implica interromper um discurso, as minorias derrotadas também podem aceitar as decisões majoritárias na esperança do sucesso de seus argumentos em longo prazo, sem precisar abrir mão de suas próprias convicções.

3

Outra objeção é dirigida contra a suposição de que os debates políticos em geral estão orientados à "verdade" e, portanto, ao objetivo do entendimento. Mas os discursos não têm um caráter evidentemente polêmico e, portanto, não parecem exigir uma descrição que faça justiça à sua natureza intrinsecamente agonística? Pois é precisamente a "orientação à verdade", ou seja, a convicção ou o sentimento dos participantes de que eles "estão corretos" em suas opiniões e avaliações que alimenta as disputas políticas e lhes dá seu caráter controverso. Nesse contexto, é claro que são necessárias algumas diferenciações, pois, embora muito coisa seja disputada na política, apenas enunciados assertóricos em sentido estrito podem ser verdadeiros ou falsos. É claro que – além de afirmações sobre fatos – as pretensões de validade que associamos, por exemplo, a enunciados de justiça moral ou legal também podem ser verdadeiras ou falsas; nos discursos, elas podem ser tratadas *como* pretensões de verdade. E inclusive enunciados que não estão associados a pretensões de validade codificadas de maneira binária podem ser defendidos ou criticados com razões mais ou menos convincentes. Mesmo enunciados ético-políticos que, do ponto de vista de uma comunidade política ou de uma subcultura, referem-se ao valor priroritário de certos valores sobre valores subordinados ou geralmente dizem respeito à identificação com determinadas formas de vida podem ter sua plausibilidade examinada com base em razões. Ao contrário da expressão de preferências, os proferimentos éticos e até estéticos também afirmam uma pretensão de validade no espaço de razões. As preferências, contudo, só podem ser expressas subjetivamente como desejos ou, como *pretensões* subjetivas, só podem ser justificadas à luz de normas válidas. Em suma, quando se deixa claro a forma lógica das questões práticas e lembramos que a política tem a ver essencialmente com essas questões que são negociadas de pontos de vista moral, jurí-

Uma nova mudança estrutural da esfera pública e a política deliberativa

dico e ético-político que estão para além dos interesses egocêntricos, também se vê que as disputas políticas e públicas se movem no espaço de razões trocadas de maneira discursiva, quando vão além das questões de fato controversas. Esse é também o caso em compromissos, ou seja, com a maioria das questões políticas em disputa, pois os compromissos operam dentro de um marco jurídico e estão sujeitos, por sua vez, aos pontos de vista da equidade.

A partir da referência ao traço agonístico da política, só é possível derivar uma objeção à concepção da política deliberativa se confundirmos a *intenção dos participantes*, que, com seus proferimentos, querem fazer uma contribuição epistêmica ao debate – isto é, fundamentada e criticável com razões – com a *expectativa* ingênua de que nas discussões políticas – que, ao contrário da "conversa infinita" dos filósofos, estão sempre limitadas no tempo diante da pressão para tomar decisões – poderia ser alcançado um entendimento atual. É precisamente a consciência da pressão para tomar decisões que confere um caráter impaciente e um tom agudo à atitude com que os argumentos são apresentados e defendidos com base na razão prática. Ao mesmo tempo, todos os participantes sabem que na comunicação de massa da esfera pública controlada pela mídia só podem – e devem – ser geradas opiniões públicas *concorrentes*, no melhor dos casos. Ou seja, na cabine de votação, à luz delas os cidadãos devem poder tomar uma decisão informada, cada um deles de maneira individual. Só nos parlamentos e em outras instituições estatais as decisões legalmente vinculativas podem ser tomadas *em deliberações face-to-face democráticas*. Aliás, os resultados eleitorais precisam ser processados nos estágios posteriores do sistema político de modo que os eleitores possam ter, no decorrer do período eleitoral, a impressão de que o *output*, ou seja, as políticas efetivamente realizadas, tenha um vínculo, ainda reconhecível para eles, com o *input* dos eleitores e sua orientação para as promessas eleitorais dos respectivos partidos responsáveis pelo governo.

Os desempenhos satisfatórios do sistema político por si sós não são suficientes para legitimar o governo, pois sem a referência *reconhecível* do voto democrático ao que os eleitores realmente "recebem", a dominação política se autonomiza em um regime paternalista. Em outras palavras, assim que a esfera pública política se corrompa, ficando sem função, então o próprio Estado perde sua substância democrática, quando a "dominação das leis" permanece intocada e o governo satisfaz mais ou menos seus eleitores. Esse perigo latente só pode ser evitado nas comunidades políticas de grande escala da modernidade quando a infraestrutura midiática da esfera pública possibilita uma formação mais ou menos deliberativa da opinião e da vontade da própria população. A força de articulação da mídia independente precisa ser firme o suficiente para não deixar romper a reconexão do poder político ao poder gerado comunicativamente pelos cidadãos – o único "poder" [*Gewalt*] que "emana" do povo.

Por outro lado, também pertence a uma dominação legitimada de modo democrático um governo que confia a si mesmo um poder de organização política. Não é suficiente a mera *imagem aparente* de uma liderança orientada de maneira democrática. Essa política *dirigida demoscopicamente* – que define atualmente o estilo político predominante de uma adaptação meramente oportunista do poder a espaços de ação limitados de modo sistêmico – é antidemocrática porque tanto coloca em questão a capacidade do Estado de agir politicamente como

Uma nova mudança estrutural da esfera pública e a política deliberativa

também faz com que a formação política da opinião e da vontade na sociedade civil e na esfera pública política gire em falso. Se nas elites políticas o derrotismo alimentado pela teoria dos sistemas se converte em uma política paralisante, a população acaba perdendo a confiança em um governo que apenas simula a capacidade e a disposição de agir.

4

A correção dos mal-entendidos, com os quais o conceito de política deliberativa se vê confrontado, chama a atenção, no entanto, para os pressupostos normativos do Estado de Direito democrático muito exigentes do ponto de vista empírico, e, com isso, provoca a objeção de uma interpretação altamente idealista. Há, portanto, boas razões para considerar duas das interpretações alternativas hoje predominantes para examinar se — com a devida compreensão para a deflação das pretensões normativas ambiciosas — são pelo menos compatíveis com o conteúdo essencial das constituições democráticas.[4] Um lado parte diretamente da imagem pluralista da aparente vontade "crua" dos eleitores até certo ponto espontânea e não falseada, ao passo que, pelo contrário, o outro lado atribui ao juízo especializado da elite política uma relativa independência do voto dos eleitores e da opinião pública. Ambas as alternativas desconsideram a relevância de uma formação esclarecida e inclusiva da opinião e da vontade dos cidadãos na esfera pública política. Assim, aliviadas de uma expectativa normativa exigente, essas

---

4 Sobre essa crítica, conferir, mais recentemente, Lafont, *Unverkürzte Demokratie. Eine Theorie deliberativer Bürgerbeteilung.*

interpretações podem se vangloriar de um certo "realismo"; mas a regressão política que observamos hoje em dia levanta a questão sobre o que acontece com as democracias nas quais há uma decadência da esfera pública política e se enfraquece a interação entre os partidos políticos e a opinião pública.

A abordagem "pluralista" se vê satisfeita com o fato de que a pretensão de uma constituição democrática é resgatada com o procedimento das "eleições livres", pois com os votos eleitorais estatisticamente agregados, o voto de cada cidadão individual é contado com peso igual, ou seja, de forma justa, e "entra em jogo" dessa maneira formal. Essa interpretação minimalista ignora a questão sobre como é produzido o voto democrático. Mas nas eleições nacionais gerais é a soma e a distribuição dos votos individuais que decide sobre qual das forças concorrentes deve governar o país e com quais objetivos declarados. O resultado afeta, portanto, todos os cidadãos em comum, independentemente de sua composição a partir de muitos votos individuais dados de forma autônoma; é "seu" governo, ao qual os eleitores e as eleitoras se vincularam com seu voto. Ora, uma vez que cada uma e cada um dos indivíduos deu respectivamente seu voto na expectativa deste resultado institucional, ou seja, um resultado igualmente importante para todos os cidadãos, isto só seria consistente se as decisões eleitorais individuais tivessem emergido de uma respectiva formação política *comum* da vontade. A suposta vantagem da abordagem pluralista, que, do ponto de vista individualista, considera o modo de formação da opinião e da vontade como uma questão privada do indivíduo, ignora, portanto, um aspecto essencial. Na verdade, ignora a tarefa específica dos cidadãos democráticos, a saber, integrar seus interesses individuais, que cada um

Uma nova mudança estrutural da esfera pública e a política deliberativa

deles tem como pessoas privadas, com aquilo que é do interesse comum de todos os cidadãos.

A abordagem "expertocrática" também é realista na medida em que destaca o tempo escasso disponível, a motivação, a atenção e o esforço cognitivo que os cidadãos comuns, mergulhados em suas vidas profissionais e pessoais, gastam em seu papel político de cidadãos. Ao mesmo tempo, lembra-nos da crescente complexidade das tarefas com as quais o governo e a administração precisam lidar nas sociedades modernas. A complexidade dos diversos subsistemas sociais autorregulados também tem efeitos aliviantes para uma organização estatal que se autonomizou em um sistema funcional. Mas se os especialistas políticos assumirem a caução para a reparação dos distúrbios de quase todos os outros sistemas funcionais ou inclusive buscarem os objetivos de uma política formativa, eles precisam se apropriar de um saber especializado muito diversificado e detalhado. Portanto, assim diz o argumento, a política não só inevitavelmente sobrecarrega a receptividade e o interesse dos cidadãos, mas também sua capacidade de absorção. De acordo com a visão tecnocrática, a lacuna supostamente intransponível entre o conhecimento especializado, que é exigido para lidar com problemas políticos, e o senso comum torna impossível envolver seriamente os próprios cidadãos na formação de opiniões sobre alternativas políticas. E isso parece ser confirmado pelo caráter plebiscitário das campanhas eleitorais: no lugar dos programas partidários, que ninguém lê, entra a propaganda profissional para as pessoas. Bem, essa descrição também não é irrealista. Mas, para esse déficit, o preço pago pelos cidadãos é, mais uma vez, a renúncia ao uso importante de sua autonomia política.

O "realismo" das duas abordagens consiste no fato de que elas estilizam traços da formação política da vontade das democracias em massa ocidentais para as quais há suficientes evidências empíricas. Ao mesmo tempo, sugerem que esses traços, sejam ou não considerados déficits do ponto de vista normativo, são *inevitáveis* diante das condições de vida das sociedades modernas. Porém, para essa afirmação mais ampla, não há de modo algum evidências convincentes. O crescente pluralismo de nossas sociedades diz respeito à diversificação das formas de vida culturais e dos estilos de vida individuais; disto resulta uma tendência geral de que o ônus da integração social das sociedades em grande escala se desloca mais fortemente do âmbito dos mundos da vida socializados para o âmbito da cidadania política, de modo que a integração pela cidadania, por sua vez, se separa, nesse ínterim, dos vínculos nacionais, ou seja, dos laços pré-políticos. Mas se a coesão social precisa ser garantida cada vez mais no âmbito mais abstrato da cidadania, esse imperativo funcional fala ainda mais a favor de uma mobilização da formação política da opinião e da vontade; isto também acomodaria, até certo ponto, a infraestrutura digital, mas apenas com a condição de uma regulamentção adequada, que, por enquanto, está ausente. Acontece algo similar com o desnível entre a expertise dos especialistas políticos e a *receptividade* do senso comum cívico dos cidadãos. É certo que o trabalho dos governos e das administrações também requer um alto grau de conhecimento especializado. Mas, independentemente do fato de que os próprios políticos precisam ser informados por seus especialistas, simplesmente não é verdade que as considerações políticas complexas não possam ser traduzidas na linguagem da compreensão cotidiana dos cidadãos interessados (ou seja, de todos) – caso

Uma nova mudança estrutural da esfera pública e a política deliberativa

contrário, não seriam considerações *políticas*. Especialmente no que diz respeito às amplas linhas dos programas políticos e à ponderação das respectivas alternativas, trata-se de uma questão de tradução inteligente e profissionalmente hábil fazer que uma explicação em linguagem normal esteja de acordo com a questão que está sendo discutida e sua fundamentação. E o ceticismo acerca da existência da *disposição* dos cidadãos de *participar da política* em circunstâncias normais teria que ser examinado tendo em vista a dimensão do engajamento político que hoje presenciamos na esteira do crescente radicalismo de direita. Este fato depõe contra o ceticismo acerca da receptividade e da disposição para aceitar mensagens políticas, mesmo naqueles estratos que se caracterizam por um *status* social mais baixo e uma educação relativamente menor. Nas populações que – em comparação com o nível de formação escolar geral – estão se tornando cada vez mais inteligentes, uma respectiva educação para a participação política não precisa fracassar *per se* pelo predomínio dos interesses privados dos cidadãos.

Uma razão suficiente para virar a mesa é precisamente o fenômeno perturbador de uma combinação do populismo tradicional de direita – "Nós somos o povo" – com o egocentrismo libertário dos excêntricos teóricos da conspiração, que defendem suas liberdades subjetivas contra a opressão imaginária de um Estado de Direito supostamente pseudodemocrático. No conjunto das sociedades capitalistas em crescimento das nossas democracias – que, como pode ser visto hoje, não são particularmente estáveis – surge esse surpreendente potencial de resistência e o sistema político pode desmoronar de dentro quando, com base nas crescentes desigualdades sociais, a decadência da esfera pública política estiver suficientemente avançada.

Referências bibliográficas

BARTHELMES, A. *Die große Zerstörung. Was der digitale Bruch mit unserem Leben macht.* Berlin: Dudenverlag, 2020.

BENNER, W. L.; PFETSCH, B. Rethinking Political Communication in a Time of Disrupted Public Spheres. *Journal of Communication*, v.68, n.2, 2018.

BERG, S.; RAKOWSKI, N.; THIEL, T. Die digitale Konstellation. Eine Positionsbestimmung. *Zeitschrift für Politikwissenschaft*, v.30, 2020.

BOHMAN, J.; REGH, W. (orgs.). *Deliberative Democracy. Essays on Reason and Politics.* Cambridge: Cambridge University Press, 1997.

FORST, R. *Toleranz im Konflikt. Geschichte, Gehalt und Gegenwart eines umstrittenen Begriffs.* Frankfurt am Main: Suhrkamp, 2003.

FUCHS, C. Soziale Medien und Öffentlichkeit. In: id. *Das digitale Kapital. Zur Kritik der politischen Ökonomie des 21. Jahrhunderts.* Wien: Mandelbaum, 2021.

GAUS, D. Discourse Theory's Claim: Reconstructing the Epistemic Meaning of Democracy as a Deliberative System. *Philosophy and Social Criticism*, v.42, n.6, 2015.

_____. Rationale Rekonstruktion als Methode politischer Theorie zwischen Gesellschaftskritik und empirischer Politikwissenschaft. *Politische Vierteljahresschrift*, v.54, n.2, 2013.

Jürgen Habermas

HABERMAS, J. *Strukturwandel der Öffentlichkeit. Untersuchungen zu einer Kategorie der bürgerlichen Gesellschaft* [1962]. Frankfurt am Main: Suhrkamp, 1990. [Ed. bras.: *Mudança estrutural da esfera pública.* Trad. Denilson Luís Werle. São Paulo: Editora Unesp, 2014.]

_____. *Faktizität und Geltung. Beiträge zur Diskurstheorie des Rechts und des demokratischen Rechtsstaats.* Frankfurt am Main: Suhrkamp, 1992. [Ed. bras.: *Facticidade e validade. Contribuições para uma teoria discursiva do direito e da democracia.* Trad. Rúrion Melo e Felipe Gonçalves Silva. São Paulo: Editora Unesp, 2021.]

_____. Hat die Demokratie noch eine epistemische Funktion? Empirische Forschung und normative Theorie. In: id. *Ach Europa.* Frankfurt am Main: Suhrkamp, 2008.

_____. *Philosophische Texte. Studienausgabe in fünf Bänden,* v.4 – *Politische Theorie.* Frankfurt am Main: Suhrkamp, 2009.

_____. *Zur Verfassung Europas.* Berlin: Surhkamp, 2011. [Ed. bras.: *Sobre a constituição da Europa.* Trad. Denilson Luís Werle, Luiz Repa e Rúrion Melo. São Paulo: Editora Unesp, 2011.]

_____. *Im Sog der Technokratie.* Berlin: Suhrkamp, 2013. [Ed. bras.: *Na esteira da tecnocracia.* Trad. Luiz Sérgio Repa. São Paulo: Editora Unesp, 2014.]

_____. Interview. In: BÄCHTIGER, A.; DRYZEK, J. S.; MANSBRIDGE, J.; WARREN, M. E. (orgs.). *The Oxford Handbook of Deliberative Democracy.* Oxford: Oxford University Press, 2018.

_____. Commentary on Cristina Lafont. *Democracy Without Shortcuts. Journal of Deliberative Democracy,* v.16, n.2, 2020.

_____. Warum nicht lesen? In: WAGNER, F.; RAABE, K. (orgs.). *Warum Lesen.* Berlin: Suhrkamp, 2020.

_____. Corona und der Schutz des Lebens. Zur Grundrechtsdebatte in der pandemischen Ausnahmesituation. *Blätter für deutsche und internationale Politik,* v.9, 2021.

_____. Foreword. In: PRATTICO, E. (org.). *Habermas and the Crisis of Democracy. Interviews with Leading Thinkers.* London: Routledge, 2022.

HOHLFELD, R. Die Post-Truth-Ära: Kommunikation im Zeitalter von gefühlten Wahrheiten und Alternativen Fakten. In: HOHL-

Uma nova mudança estrutural da esfera pública e a política deliberativa

FELD, R.; HARNISCHMACHER, M.; HEINKE, E.; LEHNER, L.; SENGL, M. (orgs.). *Fake News und Desinformation*. Baden-Baden: Nomos Verlag, 2020.

JARREN, O.; FISCHER, R. Die Plattformisierung von Öffentlichkeit und der Relevanzverlust des Journalismus als demokratische Herausforderung. In: SEELIGER, M.; SEVIGNANI, S. (orgs.). Ein erneuter Strukturwandel der Öffentlichkeit? *Leviathan, caderno especial*, n.37, Baden-Baden, 2021.

JASTER, R.; LANIUS, D. Fake News in Politik und Öffentlichkeit. In: HOHLFELD, R.; HARNISCHMACHER, M.; HEINKE, E.; LEHNER, L.; SENGL, M. (orgs.). *Fake News und Desinformation*. Baden-Baden: Nomos Verlag, 2020.

LAFONT, C. *Unverkürzte Demokratie. Eine Theorie deliberativer Bürgerbeteiligung*. Berlin: Suhrkamp, 2021.

OSWALD, M. Der Begriff "Fake News" als rhetorisches Mittel des Framings in der politischen Kommunikation. In: HOHLFELD, R.; HARNISCHMACHER, M.; HEINKE, E.; LEHNER, L.; SENGL, M. (orgs.). *Fake News und Desinformation*. Baden-Baden: Nomos Verlag, 2020.

PETERS, B. *Die Integration moderner Gesellschaften*. Frankfurt am Main: Surhkamp, 1993.

_____. On Public Deliberation and Public Culture: Reflections on the Public Sphere. In: WESSLER, H. (org.). *Public Deliberation and Public Culture. The Writings of Bernard Peters*. London: Palgrave MacMillan, 2008.

RECKWITZ, A. *Die Gesellschaft der Singularitäten. Zum Strukturwandel der Moderne*. Berlin: Suhrkamp, 2017.

RITZI, C. Liberation im Öffentlichkeitsuniversum. In: SEELIGER, M.; SEVIGNANI, S. (orgs.). Ein erneuter Strukturwandel der Öffentlichkeit? *Leviathan, caderno especial*, n.37, Baden-Baden, 2021.

SCHÄFER, A. *Der Verlust politischer Gleichheit*. Frankfurt am Main: Campus, 2015.

_____; ZÜRN, M. *Die demokratische Regression*. Berlin: Suhrkamp, 2021.

SEELIGER, M.; SEVIGNANI, S. (orgs.). Ein erneuter Strukturwandel der Öffentlichkeit? *Leviathan, caderno especial,* n.37, Baden-Baden, 2021.

SEVIGNANI, S. Ideologische Öffentlichkeit im digitalen Strukturwandel. In: SEELIGER, M.; SEVIGNANI, S. (orgs.). Ein erneuter Strukturwandel der Öffentlichkeit? *Leviathan, caderno especial,* n.37, Baden-Baden, 2021.

STAAB, P.; THIEL, T. Privatisierung ohne Privatismus. Strukturwandel der Öffentlichkeit und soziale Medien. In: SEELIGER, M.; SEVIGNANI, S. (orgs.). Ein erneuter Strukturwandel der Öffentlichkeit? *Leviathan, caderno especial,* n.37, Baden-Baden, 2021.

STEINER, J.; BÄCHTIGER, A.; SPÖRNDLI, M.; STEENBERGEN, M. R. *Deliberative Politics in Action.* Cambridge: Cambridge University Press, 2004.

TRENZ, H. J. Öffentlichkeitstheorie als Erkenntnistheorie moderner Gesellschaft. In: SEELIGER, M.; SEVIGNANI, S. (orgs.). Ein erneuter Strukturwandel der Öffentlichkeit? *Leviathan, caderno especial,* n.37, Baden-Baden, 2021.

WARREN, M. E.; MANSBRIDGE, J. Deliberative Negotiation. In: MANSBRIDGE, J.; MARTIN, C. J. (orgs.). *Negotiating Agreement in Politics.* Washington, D. C.: American Political Science Association, 2013.

WESSLER, H. *Habermas and the Media.* Cambridge: Polity Press, 2018.

ZUBOFF, S. *Das Zeitalter des Überwachungskapitalismus.* Frankfurt am Main: Campus, 2018.

ZÜRN, M. Öffentlichkeit und Global Governance. In: SEELIGER, M.; SEVIGNANI, S. (orgs.). Ein erneuter Strukturwandel der Öffentlichkeit? *Leviathan, caderno especial,* n.37, Baden-Baden, 2021.

Índice onomástico

A
Adorno, Theodor W., 98

F
Fischer, Renate, 70

G
Gerhards, Jürgen, 63

H
Hobsbawm, Eric, 98
Horkheimer, Max, 98

J
Jarren, Otfried, 70

K
Kant, Immanuel, 31, 102
Koselleck, Reinhart, 32

L
Lazarsfeld, Paul, 27

M
Mansbridge, Jane, 26, 90,

O
Offe, Claus, 52

R
Rawls, John, 30, 94-7, 104,
Reckwitz, Andreas, 72
Ritzi, Claudia, 58
Rousseau, Jean-Jacques, 94

S
Seeliger, Martin, 25, 27, 39
Sevignani, Sebastian, 25, 27, 39
Staab, Philipp, 72, 77

T
Thiel, Thorsten, 72, 77, 78

W
Warren, Mark E., 90

SOBRE O LIVRO

Formato: 13,7 x 21 cm
Mancha: 23 x 44 paicas
Tipologia: Venetian 301 12,5/16
Papel: Off-white 80 g/m² (miolo)
Cartão Supremo 250 g/m² (capa)
1ª edição Editora Unesp: 2023

EQUIPE DE REALIZAÇÃO

Capa
Vicente Pimenta

Edição de texto
Marcelo Porto (Copidesque)
Carmen T. S. Costa (Revisão)

Editoração eletrônica
Eduardo Seiji Seki (Diagramação)

Assistência editorial
Alberto Bononi
Gabriel Joppert

Coleção Habermas

A inclusão do outro: Estudos de teoria política

A nova obscuridade: Pequenos escritos políticos V

A revolução recuperadora: Pequenos escritos políticos VII

Conhecimento e interesse

Facticidade e validade: Contribuições para uma teoria discursiva do direito e da democracia (2ª edição)

Fé e saber

Mudança estrutural da esfera pública: Investigações sobre uma categoria da sociedade burguesa

Na esteira da tecnocracia: Pequenos escritos políticos XII

O Ocidente dividido: Pequenos escritos políticos X

Para a reconstrução do materialismo histórico

Sobre a constituição da Europa: Um ensaio

Teoria da ação comunicativa (2 volumes)

Técnica e ciência como "ideologia"

Teoria e práxis: Estudos de filosofia social

Textos e contextos

Rua Xavier Curado, 388 • Ipiranga - SP • 04210 100
Tel.: (11) 2063 7000 • Fax: (11) 2061 8709
rettec@rettec.com.br • www.rettec.com.br